蜕变，从心开始

潘新凌 / 著

中国商业出版社

图书在版编目（CIP）数据

蜕变，从心开始 / 潘新凌著. -- 北京：中国商业出版社，2025. 5. -- ISBN 978-7-5208-3340-0

Ⅰ．G782

中国国家版本馆 CIP 数据核字第 2025NM8744 号

责任编辑：杨善红
策划编辑：刘万庆

中国商业出版社出版发行
（www.zgsycb.com 100053 北京广安门内报国寺 1 号）
总编室：010-63180647　编辑室：010-83118925
发行部：010-83120835/8286
新华书店经销
香河县宏润印刷有限公司印刷

*

710 毫米 ×1000 毫米　16 开　13 印张　150 千字
2025 年 5 月第 1 版　2025 年 5 月第 1 次印刷
定价：68.00 元

****

（如有印装质量问题可更换）

自 序

冬日暖阳透过窗户照进书房，照在书桌上。窗外，呼啸的北风一早上刮落了许多叶子，地上铺满了黄色、褐色的法国梧桐的落叶。冬天有冬天的尊严，寒冷的冬天来了，春天还会远吗？

人生如这四季轮回，分分秒秒在变化之中，有寒有暖，有风雨有晴空，有百花盛开，也有万物凋零。有人在这轮回中体验生命的奥妙，追寻幸福的脚步，比如本书中五个家庭的家长与孩子，他们已经觉醒，在更高的生命品质中品味生活；有人在时光的推进中深陷痛苦的泥沼，在各种煎熬中度日如年，比如那些依然被各种烦恼裹挟着的家庭。

在这个阳光明媚的冬日，《蜕变，从心开始》第六遍的校对尘埃落定，基本完稿，期待着2025年可以和各位读者见面，我们彼此在书中进行着思想的碰撞，精神的交流。

回想过往，在工作中面对一个个孩子、一个个家庭的过程中，很多家长会问道："潘老师，孩子的陪伴究竟应该有什么样的标准，什么样的度。为什么我听了那么多课，学了那么多东西，可是在生活中还是不会做？"也许从本书中亲爱的家长朋友会找到答案，得到启发。就像本书中于亮的母亲张琴是一个中学老师，作为班主任她学过很多知识，她能教育各式各样的孩子，也见过各种优秀的孩子，可是面对自己的孩子，她却是……

很多孩子被各种各样的烦恼困扰着："为什么我在同学中不能成为一个受欢迎的人？我如何应对学习上的压力、成绩的波动？为什么别人的爸爸妈妈那么好，而我却有这样烦人的爸爸妈妈，我该如何与他们相处？学习有什么意义，我感到迷茫……"亲爱的孩子们，或许从本书中你能找到自己的影子，也能找到前进的方向与动力。就像本书中的高梁飞面对岌岌可危的家庭，他失去了方向，他迷恋网络游戏、早恋、否定学习的意义、陷入群殴的风暴……

书中的五个家庭是千万个家庭的缩影，五个孩子所遇到的问题也是千万个孩子遇到的问题的浓缩。本书通过专业的心理工作者心灵老师的视角，用通俗易懂的语言解析了孩子在成长过程中心理问题发生的根源，比如来自家庭的、学业的、社交的、社会的、个体身心发展的不同层面的源头，从根源出发，在专业的引领下，五个家庭纷纷觉醒，五个孩子逐渐摆脱困境。

亲爱的读者，正在阅读本书的您也许是一位家长，也许是一位学生，也许是一位老师，也许是一位心理工作者，祝愿您从中可以找到解锁烦恼的钥匙，让我们的内心如无云的碧空一样清净，如充满阳光一样温暖；祝愿每位读者把从本书吸收到的营养、正能量传递给身边更多的人，共筑一个更加有爱的世界，让每个家庭充满更多的欢乐，让每个孩子身心健康地发展，成为国之栋梁，民族的希望！

亲爱的读者，也欢迎您多提宝贵意见，随时联系我们，让我们精益求精，不断进步，惠及更多的家庭与孩子。

在此特别感谢一路上在专业方面引领我的心理领域的老师们，以及一直在身边支持、帮助，以及给予很好的改进意见的朋友和家人们。

潘新凌

2024年12月17日星期二

甲辰年冬月十七

目　录

第一章　平地惊雷 / 1
第一节　不眠之夜 / 4

第二节　难熬的日子 / 6

第三节　到底怎么了 / 9

第四节　枷锁 / 10

第二章　囚笼中的挣扎 / 13
第一节　"我"这个机器坏了 / 15

第二节　谁是受害者 / 20

第三节　接受批评 / 23

第四节　安全感 / 27

第三章　觉醒的按钮 / 31
第一节　山水之间 / 32

第二节　生命的考问 / 36

第三节　转动的齿轮 / 40

第四节　觉醒的种子 / 43

第四章　寒冰在融化 / 47

　　第一节　月光下的反思 / 48

　　第二节　狂风暴雨 / 51

　　第三节　"奶爸老公"之怨 / 54

　　第四节　艰难的原谅 / 58

　　第五节　茧中的挣扎 / 62

第五章　抽丝剥茧 / 65

　　第一节　谁在我耳边 / 66

　　第二节　人际困境 / 71

　　第三节　蜷缩的生命 / 75

　　第四节　厌学心理 / 79

第六章　躁动的心 / 87

　　第一节　叛逆到底 / 89

　　第二节　湮灭的边缘 / 97

　　第三节　亡羊补牢 / 100

　　第四节　关于"父母"的思考 / 102

第七章　上下求索 / 111

　　第一节　笑靥如花 / 112

　　第二节　深度放松 / 117

　　第三节　打破考试焦虑 / 119

第四节 游戏成瘾 / 128

第五节 上瘾的背后 / 131

第六节 早恋 / 138

第八章　流动的爱 / 141

第一节 当爱已成往事 / 143

第二节 下厨 / 146

第三节 长不大的妈妈 / 148

第四节 女人的柔 / 154

第九章　灵动天使 / 159

第一节 生命的活力 / 160

第二节 为什么学习 / 164

第三节 专注 / 169

第四节 果实 / 176

第十章　珠穆朗玛峰的光辉 / 181

第一节 高原反应 / 183

第二节 心身合一 / 185

第三节 夜空 / 188

第四节 使命 / 192

第五节 珠穆朗玛峰的光辉 / 195

第一章　平地惊雷

今日春分，大地和暖，阳光明媚，轻风拂面，还带有些许的凉意。这是一年中最令人舒服的天气，天地和煦，万物复苏，阳光与微风交织出一年中最温柔之景，"胜日寻芳泗水滨，无边光景一时新"[1]。

道路两边以及公园中许多花儿已竞相开放，粉色、大红色的桃花，白色的梨花，粉白的海棠花，还有杏花、樱花、迎春花，以及色彩纷繁的玉兰花契合了《大林寺桃花》中的意境："人间四月芳菲尽，山寺桃花始盛开。"而玉兰花是高雅的，玫红、纯白、粉嫩交织，宛若《青玉案·元夕》中"东风夜放花千树，更吹落、星如雨"的梦幻景象，虽非元宵灯火，却也是自然之春给予的璀璨盛宴。

花儿在春日里悄然绽放，无论是否有人驻足，皆自开自落。

春风拂面，带着生命的气息，让人心旷神怡，忘却尘嚣，沉醉于这无边的春色之中。这份来自自然的馈赠，有着一份不加雕饰的美丽。

张琴穿梭在校园的林荫道上，原本急促的步伐在不经意间被周遭悄然

---

[1]　出自宋代朱熹的《春日》。

绽放的春色温柔地挽留。春日的暖阳透过稀疏的云层，洒下斑驳陆离的光影，为这静谧的校园披上了一层温暖的金色薄纱。就在这份宁静与美好之中，张琴的目光被一树树竞相绽放的玉兰花深深吸引。

那些玉兰花，或洁白如雪，纯洁无瑕，仿佛是大自然最精致的雕琢；或淡紫含粉，温婉雅致，如同羞涩少女的脸颊，在春风中轻轻摇曳，散发着淡淡的芬芳。它们不张扬，却以一种难以言表的魅力，悄无声息地占据了张琴的全部视线。

不由自主地，张琴放慢了脚步，生怕惊扰了这份宁静与美好。她轻轻地从口袋中掏出手机，随着快门声的响起，一簇簇玉兰花的倩影被温柔地捕捉下来，化作屏幕上一幅幅生动的画面，记录下了这个春天最温柔的瞬间。

作为初三的班主任，平日里张琴总是沉浸在忙碌的教学与班级管理之中，批改作业、准备教案、与学生谈心、与家长沟通……这些琐碎而又重要的工作占据了她大部分的精力和时间，加班至深夜对她来说已是家常便饭。但今天，她的脸上洋溢着不同寻常的轻松与期待，准备按时回家，因为和爱人以及另外四个家庭约好了聚会。

她把拍下的照片随手分享进了五个家庭的聚会群，10多年来，这个小群（温暖大家庭）的聚会一直没有间断过，每逢假期或者周末，还会选择合适的日子，带着孩子们一起聚一聚。

她刚发照片不久，电话来了，是老公于萧打过来的，张琴带着嗔怪说："着什么急呀，还有几分钟我就出发了，打什么电话呀？"

"出事儿了，你马上回家吧！"尽管于萧刻意压低了声音，但依然没能掩盖那心脏跳出胸膛的惊慌。

张琴的心猛地一沉，手中的照片仿佛瞬间失去了色彩，那份即将与大家欢聚的喜悦被突如其来的消息瞬间冲散。她顾不上多想，耳边回响着丈夫于萧焦急而压抑的声音，每一个字都像重锤般敲击着她的心房。

张琴紧张地问道："怎么了，不是去小雅居（晚上聚会的地方）吗？"

"你快回来吧，于亮不见了……"

张琴只感觉大脑像被重锤击了一下，脑子里刹那间一片空白，她慌乱地抱着手中的资料，几乎是本能地冲出校门。她的步伐越来越快，手中的资料撒落一地，也顾不上捡起，心中只有一个念头——尽快回家，了解清楚情况。

回到家中，张琴看到于萧正焦急地在客厅里踱步，脸色苍白，眼神中满是无助与恐惧。她连忙上前，抓住丈夫的胳膊，急切地问："到底怎么回事？于亮怎么会不见的？"

于萧努力平复着情绪，将事情简单地说了一遍。

张琴的心沉到了谷底，她的心情在崩溃的边缘徘徊，但她强迫自己冷静下来，用那仅存的理性开始分析可能的情况……她左手扶着于萧的胳膊，似乎生怕自己的身体会随时倒下；右手紧握着拳头，那种心脏提到嗓子眼儿的紧张感包裹着她，她的额头开始不自觉地冒出豆大的汗珠。

此时，时间仿佛凝固了一般，每一秒都过得异常漫长，每一秒都是如此的令人煎熬。

第一节　不眠之夜

于萧下午接到班主任王老师的电话，说于亮下午不在学校，也没有请假，他重要的工作会议一结束就快速往家赶，一路上心急如焚，满脑子都是于亮的身影，想象着孩子可能遭遇的各种情况，每一次心跳都像是在提醒他时间的紧迫。在穿越一个十字路口时，红灯的闪烁几乎被他视而不见，直到一声刺耳的刹车声在耳边响起，才让他猛然惊醒，险些酿成大祸。那一刻，他意识到自己的失态，但对孩子安危的担忧远远超过了对自己的责备。

回到家，迎接他的，是冰冷的空气和空无一人的房间。

这半年来，孩子也发生过这种情况，有的时候会请半天假，请一天假，不想去学校，这些情况他都知道，他深知高三的学习压力如同巨石般压在每一个学生的肩上。于亮刚进入高三就出现了很多不舒适的感觉，像今天这种没有打招呼，没有任何征兆，没有留下任何口信，却突然失踪的情况，还是首次。

在家里，于萧搜索着每一个角落，翻看了孩子所有的东西，希望能够找到留下的任何线索——一张纸条、一本日记，甚至是一个小小的暗示。但是发现，除了两件衣服，于亮连手机在内的其他东西什么都没有带……

急促而沉重的敲门声骤然响起，瞬间打破了屋内的沉寂。于萧知道肯定是张琴回来了，他快步走向门口，张琴迎面就问："怎么办？要不要报警？这孩子到底能去哪儿啊？"泪水在她的眼眶里打转，着急得快要哭出来。

于萧把自己所知道的情况简单地说了一遍，接着说，"我们先打打电话吧，给他所有平时联络比较多的同学，也问一问他班主任，看这几天孩子在学校有没有什么异常的表现；然后再去调取小区的监控，看看今天有没有回来过；还有，去附近的公园以及他经常爱去的小吃店里看看……"。在法院工作多年的经历，让于萧在面对突发事件时总能保持一份难得的冷静与理智。于是张琴淡定了不少，两个人开始分头行动。

时间一分一秒地流逝，电话一个接着一个，街道一条一条地走过去，却都未能带来那个期盼已久的好消息。于萧和张琴的声音在每一次通话后都显得更加惊慌和焦急，他们的心被一种难以名状的恐惧和不安紧紧攥着。

小雅居的聚会也因为这个突发的事件取消了，每个家庭都牵挂着于亮的消息。

当张琴和于萧再次回到家里时已经是零点了，拖着疲惫的身躯，带着满脸的愁容，张琴更是做了许多可怕的设想，孩子会不会遇到坏人？遭遇什么不测？越想越害怕，这一夜，将怎样过去？

屋里的灯开了又关，关了又开。开了灯，幻想着于亮回来看到家里的灯亮着，可以敲门让爸爸妈妈开门；关了灯，似乎能让各种繁杂的忧虑少一些。于萧和张琴此刻坐卧不安，可又不知道能做些什么。

于萧的电话响了，是杨正满怀关切的声音："怎么样？孩子回去没？"于萧沮丧地说："还没有……"于是杨正果断地讲道："报警吧，这样可能获取信息速度会更快一点。"

杨正是温暖大家庭中的一员，曾经和王淼是一对，可是两个人在几年前曾闹得不可开交，实在痛苦到互不相容，就离婚了，唯一的女儿杨晶跟了妈妈。后来家庭聚会，大家想方设法地让他们同时参与，可是，必定会有一方露个脸就匆匆提前离开。今晚的聚会没有进行，杨正当然第一时间知道了于亮不见的消息。杨正是警察，对于他的建议，于萧还是快速接受了。

报警了，可是这一夜注定无眠。房间里，除了时钟嘀嗒嘀嗒走动的声音，还有不时地发出的叹息声在房间里回荡。客厅的灯一直亮着，如果孩子这时回来，该多好啊……

第二节　难熬的日子

这几天，对于于萧和张琴来说，每一分每一秒都异常沉重而漫长。他们的心里被无尽的担忧和焦虑填满，身体却又像是被掏空了一般，失去了往日的色彩与活力，他们索性跟单位说明情况，请了假。

窗外的世界依旧繁花似锦，生机勃勃，但这份美好却似乎与室内的沉重氛围格格不入。阳光透过窗帘的缝隙，斑驳地洒在于亮的房间。两个人坐在于亮的书桌旁，左思右想，不知道哪里出了问题，孩子究竟遇到了什么事情？

这已经是于亮离开的第四天了，警局还没有查到比较清晰的线索。于萧和张琴两个人，除了日复一日、漫无目的地在外奔波，向学校、亲友打电话问询之外，也不知道该如何才能打破这僵局。

这个消息暂时还瞒着于亮的爷爷奶奶和姥姥姥爷，老人年龄大了，怕听到这个消息受到太大的惊吓，再出现什么状况。所以每当老人们问到孩子的情况，两个人都搪塞着：挺好，挺好，学习紧，周末都没回来……杨正这两天也一直跟他们保持着联系，希望他们能够安心地等待消息。

王淼和温暖大家庭的另外一个成员梁小芬相约过来了，她们知道于萧和张琴一定非常的难过，尽管不能做什么，也想过来陪陪他们。两人一进房间就看到了憔悴的于萧和张琴。于萧显然这几天都没心思刮胡子，一贯整洁的他看起来胡子拉碴，眼睛也没了神采；张琴更像是塌了一般，挺拔的身材似乎缩小了一圈，黑眼圈很明显，凌乱的头发散到了前额。两个人看到他们夫妻两个的样子，不禁一阵心酸。

当王淼和梁小芬的身影出现在门口时，张琴仿佛找到了一个宣泄的出口，她猛地站起身，泪水夺眶而出，不顾一切地冲向她们，紧紧地抱住了王淼和梁小芬。她的哭声撕心裂肺，充满了无尽的痛苦与无助："要是一直找不到他，我们该怎么办？如果找不到他，我也不想活了……"

王淼和梁小芬听着这哭声，心里也一揪一揪的，身为母亲，她们都特别能够理解张琴的心情。

她们两个扶着张琴在客厅的沙发上坐下。两个人一边陪伴着她，一边给她宽心，"没事的，孩子一定会回来的，放心吧，亮亮是那么懂事，而且也不是个小孩子了，他一定不会就这样一去不回……"

两人的安抚着实让张琴平复了不少，这几天她真的觉得自己好像丢了魂一样。想过各种结局，也想过最坏的结果。王淼和梁小芬的安慰，让她的心稍稍定了一些。

于萧听着她们在客厅的交流，一个人在于亮的房间陷入了沉思。

他看着于亮书桌上一家人的合影,看着照片上已经高过自己半头的于亮,"太久没有好好地、认真地看过孩子了,孩子不知不觉得长大了呀。"

想到于亮小时候,总是很懦弱,在学校经常被欺负,这孩子被欺负之后,总是不还手,每次都哭哭啼啼地回来。于萧一看到这情景,又难受又愤怒,他愤怒这孩子为什么不去反击,怎么这么窝囊,一点儿也不像自己的做事风格。所以每次孩子在外面受了欺负,回来之后又要挨一顿他的打。

还记得于亮在初三的时候,因为周末被发现关在自己的房间里玩手机,不由分说,于萧又是对他一顿暴打。那次打得最厉害,手拿皮带直接抡在于亮背上,一边打,一边骂着:"真是没出息,这样玩儿能考上高中吗?考不上高中你以后还有出路吗?就你这窝窝囊囊的样子,不学习能干啥?……"直到打出一条条血印,他才罢手。后来听张琴说,于亮整整一个星期睡觉都不敢仰卧。可这孩子就是倔强,被打成这样,在于萧面前不求饶,也不哭喊。在接下来的一个星期,孩子没有跟他说一句话。

也是那次的暴打之后,于萧没有再轻易对孩子动手。从前他打孩子从来没觉得这有什么问题,因为他认为有些事情就得打才能解决,孩子只有挨了打,才会怕,才能听话。但是,直到这次,于亮不见了,让他回想起了以前发生的许多事情。"我是对的吗?还是做错了?"他在内心第一次这么强烈地叩问自己。

夜深了,王淼和梁小芬都离开了,于萧和张琴还是久久不能入睡,"孩子,你在哪里呢?"

第三节　到底怎么了

"发现孩子的确切位置了，你们直接到天明街35弄11号……"杨正的来电刚结束，于萧夫妇两人就快速奔向目的地，到达之后发现那里是一个快递驿站，杨正与自己的两个同事以及于亮已经站在门口。看到于亮的身影，张琴几乎是踉跄着奔上去的。于亮低着头侧着脸，什么也没说……

从杨正后来交流的信息中了解到，于亮这几天都在这个驿站帮忙，能够挣点生活费，晚上就暂时住在驿站货架中间狭小的空地上。两个人心疼不已，但无论如何见到人了，那煎熬了几个日夜的心终于能暂时地放松下来。

家里，客厅中，气氛显得格外沉重，灯光似乎也暗淡了几分，映照出一家三口之间那难以言喻的隔阂与距离。张琴紧紧拉着孩子的手，试图通过这份温暖来拉近彼此间的距离，但于亮却似乎有意无意地保持着一份疏离，身体微微后倾，仿佛在这短暂的相聚中也在寻找着属于自己的安全空间。几天的时间彼此之间似乎生分了很多。

于萧坐在对面："说说吧，到底咋回事，我和你妈这几天都快疯了。"于亮没有说话，张琴也转过头对着于亮说："有什么事能跟爸爸妈妈说一说吗，我们真的很着急，也很突然……"

"你们别问了，我什么也不想说，说了你们也不会懂，你们给我找个心理老师吧！我这会儿想休息一下。"

听到这些话，两人心里又是一揪，但至少也是解决问题的方法，也确实应该让孩子先休息一下。

张琴想到了王淼，王淼和杨正的女儿杨晶前段时间出了状况，正在进行心理咨询，这段时间以来变化很大，包括王淼和杨正也好像变了个人。安顿于亮休息之后，张琴马上就和王淼通了电话，要到了心灵老师（杨晶的心理咨询师）的联系方式，和心灵老师简单沟通了孩子最近出现的状况，仅仅是在线上，仅仅是半小时的通话，张琴已经感觉到这位心理老师的专业，因为她对孩子的状态洞察得非常敏锐。

于亮回来后，话一直很少，于萧和张琴也一直在思考一个问题：到底怎么了？是我们出了问题，还是孩子出了问题……？

也许那个心理老师可以给出答案。

第四节　枷锁

夜深了，窗外微风吹动，树叶轻轻发出相互摩擦的声音，如水的白月光穿过玻璃窗洒在地面上，桌子上的闹钟嘀嗒嘀嗒地工作着，床铺对面的书柜中摆放着一层一层的书籍。于亮躺在床上，脑子里像过电影一样回想着这几天所发生的事情。虽然这几天在外很累，但是此时此刻躺在床上却难以入眠，梦幻与真实在脑海中交织着……

离家出走，是他无奈之下的一种选择。他原本认为，找到一个没有任何禁锢和束缚的地方，也许他的内心就可以获得一份安宁，不用再感受到任何的压力。但事实上，这几天虽然独自在外面，他的内心并不平静。不时地会有回家的冲动，也担心爸爸妈妈找不到他会很着急。无比纠结之时，杨叔叔他们找到了自己，也算被动地作出了选择。可回到自己熟悉的家，他的内心依然风起云涌，无法平静。

于亮心里想，都说少年轻狂，而自己感受到的并不是轻狂，却是极大的无力感。似乎在任何时候，自己都无法冲破捆缚在内心的种种枷锁。他的心中发起了诸多的疑问：

我到底是谁？

我是一个什么样的人？

我究竟该过怎样的生活？

我现在的所作所为是正确的还是错误的？

我为什么会变成今天这个样子，为什么我的内心时常处于纠结不安中，时常感到自己的卑微与渺小，我永远无法获得真正的活着的尊严，永远无法与别人比拟。

那些有形的无形的枷锁到底是什么？我不清楚，可我知道它们存在。

我如何才能够获得真正的自由？在学校有学业的压力，有学习任务并不自由；在家里有爸爸妈妈的管教，也不自由；而这几天，尝试一个人的生活似乎也不自由。

内心捆绑束缚我的究竟是什么呢？

我需要如何去面对生活？是勤勤恳恳、兢兢业业还是随心所欲。于亮被越来越多的疑问包裹着，越想越难以入睡。

月光在窗外不断地偏移，现在房间里已经没有月光的洒照了，房间里暗淡了许多。于亮睁开眼睛，看了看桌上的时钟，已经是凌晨一点多了，于亮告诉自己：睡吧，也许这一晚过后，也许进入梦乡，我就能找到答案。这样想着，他感觉一阵睡意袭来，在这静静的深夜，终于入眠了。

第二章　囚笼中的挣扎

　　于亮满怀期待地踏上了与心理老师的会面之旅。这位"心灵老师"，以其温和的待人风格与深厚的专业素养，在学生中享有极高的声誉。

　　见面之前，于亮和杨晶通了电话，杨晶告诉他，这个老师非常亲切，也很专业，让他放心、畅快地去和这位老师交流。带着这种信任，于亮见到了这位心灵老师。

　　在一间并不宽敞却非常简约大方的咨询室里，米色调的柔和光线轻轻洒落，营造出一种温馨而安全的氛围。于亮一踏入这方小天地，便不由自主地感受到一股难以言喻的安心感，仿佛所有的纷扰与不安在这一刻被温柔地隔绝在外。

　　他缓缓落座于那张柔软舒适的沙发上，目光不由自主地落在了心灵老师的身上。确实如杨晶所言，这位老师的确给人一种无比亲切的感觉。她身着一袭宝蓝色的旗袍，那抹深邃而又不失温婉的色彩，与她举手投足间的优雅与自然相得益彰，仿佛是从旧时光中走出的温婉老师，带着一种超脱世俗的美。

　　心灵老师的笑容，浅浅的，却如同春日里温暖的阳光，纯粹而具有疗愈的力量，让于亮不禁想起了自己三岁时照片上那无忧无虑、纯真无邪的笑容。

她的眼睛，更是深邃如海，平静而辽阔，仿佛能洞察人心最深处的秘密与渴望，又能在第一时间给予最温柔的抚慰与包容。在于亮的眼中，那片海，不仅平息了他内心的波澜，更以一种难以言喻的广阔与深邃，接纳了他所有的不完美与自我怀疑，甚至是他自认为污秽不堪的部分。

心灵老师的自我介绍自然而流畅，她的声音里充满了真诚与关怀，让于亮感受到了一种前所未有的轻松与自在。她温柔地告诉他，在这里，他可以完全放下所有的防备与顾虑，不必担心说错话或做错事，因为每一种情绪、每一种状态都是真实且值得被尊重的。这份无条件的接纳与理解，让于亮紧绷的神经渐渐放松下来，仿佛找到了一个可以安心停泊的港湾。

于亮结束自我介绍后，心灵老师已经细心地为他沏好了一杯茶。茶香袅袅升起，与室内温馨的气氛融为一体。她以一种近乎母爱的温柔，称呼他为"宝贝儿"，这三个字，简单却充满力量，瞬间拉近了他们之间的距离，让于亮感受到了一种前所未有的归属感与温暖。

在那一刹那，当"宝贝儿"这个称呼轻轻落入耳中，于亮感到了一丝微妙的不自在，这突如其来的亲昵称呼触动了他内心深处的某种防线。然而，这份不自在转瞬即逝，很快被一股暖流取代。他意识到，这个称呼不仅仅是言语上的亲昵，更是心灵老师对他无条件接纳与关怀的象征。在这个空间里，他仿佛真的成了心灵老师的孩子，被一种深沉而纯粹的爱的光辉包围。

其实，心灵老师，看起来也就四十来岁，但她的内在却仿佛超越了年龄的界限，散发着一种难以言喻的沉静与纯粹。让他觉得自己就像一个非常纯净的孩子在自己的母亲面前，可以诉说一切。

这种感觉，让于亮不由自主地想起了童年时期与母亲相处的温馨时光，那时的他，也是如此的纯真无邪，可以毫无保留地依偎在母亲的怀抱。如今，在这位心灵老师的面前，他再次感受到了那份久违的纯净与安宁，仿佛时光倒流，他重新找回了那个本真的自己。

在这样的氛围下，于亮感到自己心中的壁垒逐渐开始瓦解，那扇曾经紧锁的心门也在悄然间慢慢打开。他能感受到，在这个小小的咨询室里，有一位充满智慧与慈爱的导师，可以引领着他走向内心的光明与自由。

第一节 "我"这个机器坏了

于亮的声音微微颤抖，透露出内心深处的焦虑与挣扎。他缓缓陈述着自己的困境：

"还有两个多月就高考了，可是我的状态真的很差，糟糕透顶，压力如同巨石般让我喘不过气来。我对自己的期待很高，可偏偏在学校没有办法专心地学习，而且注意力涣散越来越严重，我快疯了！真的在学校待不下去，可是我觉得没人能理解我，爸爸妈妈也没法理解我，于是，我萌生了一个念头，想要逃离这个让我窒息的环境，找一个没人认识的地方，静静地整理自己的思绪，找回那份失落的平静。"夹杂着激动的陈述，于亮此刻的表情微微失落，心灵老师的脸上始终保持着温和而耐心的表情。她没有打断于亮的诉说，而是给予了他充分的表达空间，让他能够自由地倾吐内心的焦虑与痛苦。她的目光柔和而专注，仿佛能够穿透言语的表面，直达于亮心灵的深处。

随着于亮的话语逐渐流淌而出，他的表情也逐渐放松下来，那些积压已久的情绪似乎正在慢慢释放。心灵老师不时地点头，用眼神给予他鼓励与肯定，仿佛在告诉他："我在这里，我听到了你的声音，我理解你的感受。"

于亮继续吐露内心：

"最近半年多以来我感觉同学总是在背后议论我，认为我作业是抄的，考试也在作弊。刚开始只有几个人，但后来越来越多，我感觉整个班级，甚至整个学校的人都在议论我。我每次坐在座位上，都能感到同学们的不信任感朝我涌来，他们'议论'我的声音都会一窝蜂地传进我的耳朵里。现在只要受到任何同学的一点点情境刺激，比如听到别人咳嗽、听到别人说话的声音，我都会感觉别人在说我坏话；我会变得语无伦次；我会很崩溃，感觉到心慌、烦躁，甚至手舞足蹈、身体乱晃；我会拉着同学的手，告诉别人，'我承认我错了……求你们放过我'。我在崩溃的时候，有时候会莫名其妙地大哭。在这些奇怪的行为出现初期，我还想过努力地压抑自己，假装自己很开心，假装自己很正常，可现在我已经无法压制自己了。"于亮一边说着，一边泪流满面。他的双手因情绪激动而紧紧地握在一起，是痛苦，是恨自己无法自控。心灵老师把纸巾放在他面前的桌子上，并且告诉他：任何的情绪都可以自然地流淌。

"我小时候比较懦弱，别人经常欺负我，我那时只会哭，但往往会挨双重的打，一方面是在外面挨打；回到家里之后，爸爸又会打，爸爸认为男儿有泪不轻弹，哭是懦弱的表现。所以，我内心一直认为自己是懦弱的。

"我在五年级的时候，有一次偷偷玩手机，通过手机接触到了网络上的一些不良内容，包括色情图片和视频，出于好奇心的驱使，我多看了一些，但从此之后就像着魔了一样，那些画面如同魔咒般缠绕着我，让我频繁地偷偷浏览，享受着一种扭曲的刺激感，我深陷其中，无法自拔。甚至在脑海中构建起与众多女生之间不切实际的幻想场景，想象和她们之间发生那些图片和视频中所展示的画面。这些幻想至今仍然强烈地吸引着我，但我也知道这种幻想对自己的身心是有害的，所以在现实生活，我不得不努力压制这份冲动，以免暴露自己的脆弱与不安。这种内心的矛盾与挣扎，让我时常感到自己仿佛被撕成了两半，陷入了深深的自我分裂之中。

"我内心深处非常渴望能够与同学们建立和谐融洽的关系，但又时常感到困惑，不知怎样才能很好地与他人相处。总是感觉别人不了解自己，自己也走不进别人的心里。即便是被我视为好朋友的人，转脸又会背刺我，说我的坏话，这让我非常难过。

"我希望自己成为一个天才式的人物，人缘好，成绩也好。可是又时常会想象身边的同学一个个都是天才式的人物，会拿他们和自己作比较，这种暗自的比较和想象又让我心生嫉妒，甚至将他们视为潜在的敌人，把他们一个个放在与自己竞争的对立面。

"这样的心态让我对周围的人充满了猜疑与防备，总感觉他们会在暗中对我不利。这些无端的想法如同野草般在我脑海中疯长，让我陷入了无尽的胡思乱想之中。我越是努力想要摆脱这些念头，它们反而越发强烈，让我无法自拔，内心充满了痛苦与挣扎。我感觉自己就像是一台失控的机器……"

于亮将那些长久以来深埋心底、从未向任何人吐露的秘密与困惑，一股脑儿地倾诉给了心灵老师。在这个过程中，他仿佛卸下了千斤重担，心灵得到了前所未有的释放。

心灵老师以她独有的温柔与耐心，全神贯注地倾听着于亮的每一句话，没有丝毫的敷衍与打断。她的眼神中充满了理解与接纳，让于亮感受到了前所未有的安全感与信任。

每当于亮的情绪有所波动，或是思绪陷入混乱时，心灵老师总能适时地给予回应，用她那温暖的话语抚平他心灵的创伤。

这种感觉是如此珍贵。

讲完之后，于亮略显慌乱，紧接着问："我是不是没有办法参加高考了？我这种状态是不是没有办法考大学了？我是不是很严重，我是不是不会好了？我是不是别人说的焦虑症，我是不是别人说的那种抑郁症？"他连珠炮似的抛出了一连串的问题。

于亮的描述，让心灵老师回想起多年来所咨询的孩子的"一个通病"：他们出现心理问题的时候都伴随着强烈的情绪波动，背后都有一个强烈的声音——我不够好。

因为我不够好，所以没有人爱；

因为我不够好，所以没有朋友；

因为我不够好，所以老师不喜欢我；

因为我不够好，所以爸爸妈妈很失望；

……

因为我不够好，所以我不配活着。

他们经常会觉得自己不够好，无论身材多好，长得多帅、多漂亮，他们都会有容貌焦虑；

他们觉得自己什么都做不好，在人群中没有存在感；

他们会觉得自己不够好，所以没有人爱自己；

他们觉得自己不够好，所以面对镜子时会讨厌自己。

这样的孩子在成长的过程中更多是家庭中所给予的"安全感"与"爱"出现了问题。

殊不知，安全与爱是每一个人都需要的，也是马斯洛[1]的需求层次理论中非常重要的部分。我们需要感受到足够的爱，才能感到安全，否则会有失去、被抛弃的威胁。安全是建立在充分被爱的基础上的。

听完这一系列的陈述，心灵老师关怀地看着于亮说："所有在我们心理层面发生的问题与冲突都是我们成长的机会，通过正视这些问题，我们可以更好地去了解真实的自己。通过解决这些问题以及自我的探索，我们就可以看到自己的局限性，更好地去跨越这些局限，从而能够得到成长。

"所以，不要急于用任何的疾病来定义自己，最主要的是我们在自我探索的过程中看到这些问题所要给我们的启示，一步步向前走，更好地成长自己。

"你已经非常敞开地讲了这么多，老师很感谢你的信任，接下来老师会根据咱们交流的内容，去制订针对你个人的心灵成长方案。我们从根源入手，一点点地推进，你放心，你的高考绝对不会耽搁！"心灵老师坚定的眼神和颇具力量的言语，让于亮的心又一次稳了下来。

"在我们前进的过程中，你将会逐步地发现，你能够更好地面对学习，能够以更好的状态去准备高考。咱们要怀着充分的信心与耐心，一步一步

---

[1] 美国心理学家，是人本主义心理流派创始人。马斯洛需求层次理论于1943年在《人类动机理论》一文中提出。

向前走。

"既然你到了老师这里，老师给你的保证是，一定会让你恢复正常的学习功能，正常的生活功能，能够让你有更加稳定的情绪；能够让你从这种痛苦崩溃的边缘回到正常的状态；能够让你未来学着去建立更加和谐的人际关系；能够让你的心理更加健康的发展，心智进一步升级。

"等到后续你学习比较紧张的时候，我们在线上视频中交流也是一样的，不影响咨询的效果。"

和心灵老师的交流，让于亮把曾经深埋在心底的，从来不敢向别人展示的污秽的垃圾一股脑儿地倒了出来，心里感觉到轻松一些了，就像那淤堵的河流被疏通了渠道，于亮全身经络都变得通畅，人也轻松许多。

这么长时间以来，于亮第一次看到了希望，看到了自己可以做回一个正常人的可能性，他对下一次的见面也怀着一份深深的期待。

第二节　谁是受害者

王淼和杨正分开之后，没有再组合新的家庭，也没有再接受新的感情。上一段的婚姻，让她感觉到非常的疲惫。尽管她的条件不错，作为一个大学的老师还是比较抢手的，可是她觉得现在的状态让她更加轻松和自在。杨晶这段时间状态稳定一点了，在学校能够正常待满一周，所以王淼的时间就自由一点。下了班，就直接朝着张琴家的方向去了。

王淼刚刚经历过杨晶状态最糟糕的时段，那段时间她真的很崩溃，那种痛苦无助的程度不比和杨正闹离婚那段时间弱。所以她想，张琴现在也很需要有人多聊聊天。在王淼看来，朋友之间的相互扶持和理解是无比珍贵的。她愿意成为张琴的倾听者，也愿意分享自己的经历和感悟，帮助张琴走出阴霾，重新找回生活的色彩。

到了张琴的家里，看到于萧也已经回来了。他一定是比以往回来的要早一点。王淼看到张琴就问："于亮今天去交流得怎么样？"

张琴说："孩子回来什么也没说，但是感觉状态比昨天要好一点，人看上去没有那么紧绷和忧郁了。现在在自己的房间里，我们也没有去打扰。"

"你们怎么样？"王淼又关切地问。

于萧摇摇头没有作声，张琴说："我心里确实很乱，也很难受，这几天突然发生的事情，以及亮亮的状态……我不知道为什么会这个样子。不知道是我们出了问题？是孩子出了问题？还是哪里出了问题。"

王淼问道："于亮交流完之后，你有没有跟心理老师聊过？"

张琴说："还没有，我们就打算明天约时间呢。

"你们确实要好好地聊一聊，咱们做父母的，在陪伴孩子的过程中，其实会有很多的问题发生。只不过是当孩子没有任何问题的时候，我们并不自知，在陪伴中，就会不知不觉地对孩子造成很多的伤害。晶晶前段时间出了心理问题。我们才逐渐地意识到，我们曾经的言语、行为、与孩子的互动模式、家庭的氛围都对孩子造成了多大的影响。在晶晶小时候，我和杨正经常吵架打闹，人人不得安宁。

"杨正在外面是大家口中公认的好人，但是在家庭里，那个时候他确实是有暴力倾向的。也许是因为工作压力大，也许是他自己原生家庭的原因，每当我们吵架的时候，他都会变得歇斯底里，不可理喻，反应方式非常的残暴,他会动手打人,下手很重。那时我们只知道自己很难受,很痛苦,并不知道这些过程晶晶都看在眼里,也都深深地印在了晶晶的脑海里。在那些充满怨气与暴力的场合,晶晶那时就一个人无助而恐惧地看着两个'怪兽'一样的爸爸妈妈,她哭喊着让爸爸妈妈不要打了,但那空气中弥漫的叫骂声、撕扯声以及物品粉碎的声音早早淹没了她的声音。"

"后来为了要离婚我们也吵得不可开交,包括爷爷、奶奶、姥姥、姥爷都牵扯在内。这种家庭大战,对晶晶而言,也是一记重击。但是孩子在那个时候都默默地忍了下来,压抑在心里,没有人可说,她也没有能力去改变什么。

"我因为讨厌杨正在家庭里的所作所为,所以经常在晶晶的面前说杨正的坏话,导致晶晶在心里逐渐地对杨正也充满了怨恨。她不愿意和杨正接触,不愿意接受杨正的任何关心,甚至会对爷爷奶奶也充满厌恶,不想再见面。慢慢地,我把自己和晶晶逐渐孤立起来,放在了一个孤岛上,感觉只有我们两个相依为命,但是我没有察觉到晶晶的内心充满了恐惧和不安全感。

"包括我自己在对晶晶的陪伴中,因为和她爸爸分开,我很多的注意力都放在她身上,对她的一举一动,一言一行都关注过多,表现出了很强的控制欲。因此,晶晶在生活中也会感觉到比较窒息,这也是为什么我们之间有一段时间关系很紧张,晶晶对我的对抗性非常强。我反观自己,曾经我和自己原生家庭的关系,也就是晶晶姥姥的关系,似乎也是如此。

"这么多错误的思想观念,为了我们自己情绪的发泄,最后都直接对晶晶的心理健康产生了影响。直到这次晶晶出现心理问题,进行心理治疗。我们才明白,那个时候我们的行为对晶晶产生了这么大的影响。这些都是心灵老师在给晶晶的咨询中发现的,她告诉我们,这样对孩子的安全感建立是非常不利的,对孩子的心理健康也没有正面影响,所以我和杨正才真正意识到我们曾经所做的事,所做的错误举动对孩子所造成的伤害。

"我们渐渐地放下,渐渐地学会尊重,渐渐地学会信任孩子。怎么做父母真的是一门学问,有的时候我们看起来似乎都是为了孩子好,但是殊不知是在错误的道路上越走越远,错上加错。我和杨正在这件事情上真的成长和变化了。

"所以,你们也不要太难过。趁着这次机会,要好好地跟心灵老师交流一下,看一看未来到底该怎么做,注意些什么。"

听着王森的陈述,于萧和张琴也有了不少的反思,想到于亮小时候,他们吵架,就发现有的时候于亮偷偷地透着门缝往外面看。尽管他们避着孩子,但是孩子又怎么可能不知道呢?于萧再次想到了对于亮的大打出手。张琴想到了自己对孩子的不理解,对孩子过度的期待和要求,因为自己是一个老师,所以就很希望他在各方面都一定要表现得很好,她把见过的优秀孩子的标准都套在于亮身上,如果于亮做不好,她也觉得很没面子……

但是这些都已经过去了,所有的伤害孩子都已经受过了,后悔有什么用呢?应该怎么去补救呢?于萧和张琴都陷入了沉思。

第三节　接受批评

"于亮怎么样,还能正常参加高考吧?"于萧和张琴坐在心灵老师的对面，着急地问出最关心的一个问题。心灵老师抬起头，定定地看了他们两秒钟，问道："难道你们最关心的就是他能不能参加高考，而不是他的健康状况如何？"一个温和而带有挑战的疑问，让于萧和张琴两个人顿住了。他们从来没有考虑过这个问题。他们觉得关心高考，不也是关心他吗？但是这一问题似乎让他们感觉到确实有哪里是不妥的。

心灵老师提高了一点声音，继续不紧不慢地说："你们有此一问，我也就不奇怪为什么孩子的状况发生了这么久，而你们却一直没有发现，他宁愿自己一个人逃离家庭去获得一时的宁静，也没有向你们诉说，你们就不觉得奇怪吗？""你们真的很关心他吗？在关心他的什么？有没有关心过他的生命状态？如果有，我相信你们可能会更早一点就发现他出现的异常现象。你们知道吗？他自己一个人默默承受了这么久，甚至出现了一些躯体化[1]的症状，让他无法自控。"

听到这里，两个人心里颇为震惊。心灵老师看着他们诧异的表情，眼神中带着些许的责备，"问问你们自己的内心，究竟在你们心目中，关于他有哪些是最重要的？是学习？是成绩？是不是只要这个好了，所有的一切都是好的；如果不好，那就代表这个孩子不优秀，这个孩子没有其相应的价值。说到底，是这个孩子没有能够让你们脸上有光。"心灵老师的声音是柔和的，可是于萧感到每一句话都像打在自己的脸上一样。

"哪怕是他在外面出现人际关系的问题，你们也没有认真地了解过事情的始末，更别说认真地去感受他的内心，你们依然以你们自己的面子、自己的情绪为出发点去处理他的问题。"

---

[1] 躯体化（somatization）是指一个人本来有情绪问题或者心理障碍，但却没有以心理症状表现出来，而是转换为各种躯体症状表现出来的现象。

"当他沉浸在手机里的时候,你们看到的只是一个表象,看着他拼命地钻进了手机里,但是你们有没有了解过,到底什么吸引了他?为什么那个虚拟的世界对他有如此大的吸引力?在那里,他究竟能获得什么样的情感归属?如果对这些一无所知,那就说明你们在陪伴他的过程中,还真的是很失职。"心灵老师的语言一直都非常的平静,声音一直都不大,似乎刚刚好足够他们两个能够听到,但是每一句话都振聋发聩般叩打着他们的心灵。

于萧和张琴非常感谢这个老师,能够这么真诚、如此犀利地点出他们的问题所在。"老师,那我们接下来应该怎么做?我们应该如何陪伴他才会更好呢?我们是否来得及弥补曾经的不足之处?"

心灵老师说:"任何时候只要认识到自己的问题,一切都有救。对于孩子的现状,我们就先从爱开始吧!"

两人心里想,我们似乎从来都不缺乏给予他爱吧?供他吃喝,所有的东西都希望给他最好的,有的时候甚至自己不舍得花的钱都舍得花在他身上。难道我们没有爱他吗?

心灵老师似乎看到了两人的迟疑,说道:"爱,首先要看到一个生命的存在。一个活生生的生命,有他自己的感知,你们是否能够感知到他,触摸到这个生命的存在?是否发自内心地去接受这个生命的特性,并允许他展现自己独特的价值。有没有了解过他内心最深处的诉求是什么?"

随着心灵老师一句句深入人心的交流,两人的心扉逐渐敞开,仿佛长久以来束缚心灵的结悄然解开。尽管他们意识到这一问题的时刻似乎有些迟,但心中却充满了希望——因为一切尚有转机。这标志着一个崭新的起点,他们决定重新审视自己作为父母的身份与责任,深入思考如何成为更加合格、更加贴心的爸爸妈妈。他们的目标清晰而坚定：陪伴孩子成长，首要便是引导他成为一个身心健康、全面发展的孩子。

"一个健康的心灵和学业之间是一点儿都不冲突的，在心理学上也有研究发现，一个人心情愉悦，可以提升他的学习效率。而在我们接触过的众多案例中，也会发现学习动力的缺失、下降也跟心理状态的波动，心理问题的出现，有着很大的关系。每个孩子从一开始都是有求知欲的，而他的求知欲在什么样的情况下泯灭了？这都和我们陪伴的方式息息相关，也和他的心理状态息息相关。因此，关注他的心理成长同样可以取得好的学业成就。家长们更多重视的是现实价值的提升，比如知识掌握得更好、成绩不断地上升，但一定也要重视情绪价值的提升，孩子内在价值系统的提升。"

两个人越听越入神，似乎有点茅塞顿开，心中不禁感慨，这次会面仿佛迟到已久，却又如及时雨般珍贵。于萧在倾听的同时，思绪万千，他暗自思量："我该如何为'温暖大家庭'贡献一份力量呢？"

他的脑海里扫描过每一个家庭，扫描过每个孩子，他突然觉察到，这些孩子似乎都缺了点什么，家庭似乎都缺了点什么。他觉得需要进行一场家庭的革命，需要进行一次家庭的成长。

他深刻地意识到，这不仅是个别家庭的问题，而是整个"温暖大家庭"需要共同面对的挑战。于萧的心中涌起了一股强烈的使命感，他决定发起一场家庭革命，推动每个家庭走向成长与蜕变。

对于心灵老师这次犀利的"批评"，于萧内心充满了感激，非常诚恳地从内心接受了。他深知，这是成长路上不可或缺的宝贵财富。他满怀希望地展望未来，期待"温暖大家庭"中的每一个家庭都能接纳并实践这些更先进的家庭理念，共同为孩子营造一个更加健康、快乐的成长环境，能够让大家庭的成员每一个人都能感受到生命品质的变化。

这不仅是孩子的成长机会，更是每位父母的，也是每个家庭的……

第四节　安全感

从于亮的身上，我们看到了安全感的缺失带来的成长过程中的一系列影响。我们说0—3岁是安全感建立的一个重要时期，关乎孩子的诉求与应答的及时性，以及与家庭重要陪伴者（尤其是爸爸妈妈）之间的情感链接。

在随后的中小学的成长中，安全感更多地建立在环境的稳定性，以及从周围的人群感受到的充分的肯定与被爱的感觉。而且这样的"爱"要求很高，需要的是"无条件的爱"。但是"无条件的爱"，是如此的难以做到。

就像于亮的父母，当问及"你真的爱你的孩子吗？"他们并不了解什么是无条件的爱。

我们总会带着标准去看待身边的每一个人，包括孩子在内。比如他聪明伶俐；比如他总是很乖不惹麻烦；比如他总是表现得很出色，能在学习上，在各类比赛中取得耀眼的成绩……哇，我们是多么爱他，因为他让父母如此的骄傲，让我们感受到养育的价值。

反之，他总是很调皮，麻烦不断，被叫家长；他总是成绩倒数，不好好写作业；他总是那么不起眼，没有作出任何让家长脸上有光的事件……

哎，我们怎么养了这样的孩子，为什么总是比不上其他的孩子。

你就会发现，有些孩子，小时候是那么阳光可爱，但在成长过程中却会逐渐变得自卑、退缩……时常会处在不安全感中，很容易受到周围的负面影响与消极的暗示。

安全感的缺失会由以下因素引发：

1. 成长环境

家庭中父母经常吵架或者家庭中总是充满各种情绪化的氛围，会让孩子感受到不安。包括离异的家庭，也会让孩子感受到深深的不安，无论是和谁生活在一起，孩子都有一种被原来家庭遗弃的感觉，甚至会分裂般地对其中一方产生原始的爱以及痛恨的感觉。

孩子在成长过程中经受过校园欺凌、被同学孤立等事件时，也很容易感受到深深的恐惧与不安。

此外，如果孩子在0—3岁没有被很好地照护，也会缺乏安全感。

2. 错误的陪伴方式

指责、打骂、嘲讽、威胁等粗暴的教育方式，让孩子感受到不安；

即便是那些与家长对抗、对立的孩子内心也是动荡不安的；

过度的保护，没有经历任何风吹雨打的温室花朵；

经常性地否定孩子，哪怕是为了逼迫孩子成长，但从来不知道鼓励与肯定。

3. 爱的方式与表达

中国的父母真的是很爱孩子，可以为孩子付出很多，可是在爱的表达方式上却很少能让孩子感受到舒服的爱。

要么是太含蓄，很少表达，孩子感受不到；

要么是太强的控制欲，让孩子感受到窒息；

要么是冷暴力，让孩子感受到隔离；

要么是太忙，没有时间陪伴；

要么是从来没有用心了解过孩子，给予的都是孩子不想要的。

4.强联结关系的中断

离异的家庭，关系的断裂、要好的朋友联系中断、孩子成长中恋爱对象的背叛与拒绝、创伤性事件的发生或者亲人的离去，这些如果没有及时地抚平处理，都会留下伤口，时常会在触及时诱发不安与痛苦。

安全感充足的孩子会在很多境况下都能更有力量，会更加积极正面地看待自己的境遇，能够更好地处理遇到的困难与挑战；他们会更有爱，因为内心里爱是满满的，是富足的，因此能够更好地为他人付出爱，也知道如何更好地爱他人；会更有动力地实现自己的梦想，因为对自己有足够的信心，也善于求助他人的支持与帮助，更好地利用自身与外在的有利资源。

安全与爱对孩子的成长非常重要，要让孩子知道自己是足够好的，能更好地面对未来的征途。在日常生活中，作为父母，要营造温馨的家庭氛围，让孩子感受生活的美好，生活的有趣。要经常给孩子拥抱或者语言的表达，让孩子感受爱。此外，需要充分了解孩子，帮助他渡过自己的困境，并且对孩子做得好的方面，及时给予肯定，更要了解孩子的深层诉求，支持他通过自己的努力去获得，最重要的是，一定要理解孩子的情绪。

如此陪伴孩子，会让孩子的安全感更充足，内在爱的能量也会更充盈。

第三章　觉醒的按钮

在正常的心理咨询进程中，于亮正逐步重拾学习节奏，目前他暂时不参与学校的晚自习，而是采取了一种灵活的学习安排：有的时候在学校学习半天，在家里学习半天；有的时候就全天在家学习，希望通过这种过渡性的学习方式，让于亮逐渐地放松下来。这是心灵老师的建议，希望师长们暂时不要给他太大压力，给予他足够的空间与理解，从环境上解除一些对他心理上的压迫感，多方共同助力，让他能更好地恢复到正常状态。

杨晶这些天的状态也越来越好了，不仅自我恢复得很快，还时常与于亮哥哥分享内心的感悟，两人之间的交流充满温馨与鼓舞。于萧目睹了这一切变化，心中满是欣慰，他真心希望"温暖大家庭"能够持续营造积极向上的氛围，让每一个孩子都能在这样的环境中茁壮成长。因为于亮上次的不辞而别引发了大震动，所以原定的家庭聚会也被取消了。趁着于亮已经回来，于萧也想重新组织一次聚会，希望能够安排在孩子们休息的时间，让于亮也有机会释放一下自己。

于萧心想，这次的聚会，要和往日不同。他希望能打破以往以吃喝为主的传统模式，转而聚焦于"家庭成长"这一主题。通过这次于亮的事情，他觉得亲子教育太重要了，孩子们的学习动力原来不知不觉中是被家庭破坏掉了。当他向张琴表达这一想法时，立刻赢得了张琴的热情回应与全力支持，两人随即着手筹备起来。张琴发现于萧有点不一样了，像这样的事情于萧以前是绝对不会关心的，有时候张琴给他推荐有关亲子教育的书或者文章，他通常都不以为然，但这次居然主动提出来，并且想得这么周到，着实让人感到欣喜。

张琴迅速行动起来，与于萧一起筹备这次特别的"家庭聚会"。他们计划通过分享会、小组讨论等形式，让每个家庭成员都能参与到家庭成长的讨论中来，共同探索如何营造一个更加积极、彼此支持的家庭环境，以激发孩子们的学习热情，促进他们的全面发展。这次聚会，不仅是对过去的一次反思，更是对未来家庭教育方向的一次积极展望。

张琴负责和心灵老师联络沟通，于萧负责组织大家。这次特别的聚会将会给每个家庭带来怎样的变化呢？

第一节　山水之间

周六的下午，聚会如期进行，地点是远离市区的一个民宿庄园：定慧山庄，这次于萧为找这样的地方真的是很用心。这也是新冠疫情之后第一次最整齐的聚会。

随着周六午后温暖的阳光洒落，定慧山庄渐渐热闹起来，久违的欢声笑语在山谷间回荡，为这静谧的自然风光增添了几分生动与温馨。于萧精心策划的这次聚会，不仅是对新冠疫情阴霾的一次告别，更是对友情与团聚的深情呼唤。

庄园位于苍翠的山峦之间，四周环绕着碧波荡漾的湖泊，仿佛是大自然赠予的明珠。湖面上，偶尔有几只野鸭嬉戏，激起一圈圈涟漪。远处，云雾缭绕的山峰若隐若现，宛如一幅水墨画。

春天来临，庄园里的桃花、杏花、樱花竞相绽放，粉红、雪白、淡紫的花朵交织成一片花的海洋。微风拂过，花瓣轻轻飘落，如同仙女散花，美不胜收。花香四溢，沁人心脾，让人仿佛置身于仙境之中。

庄园内，绿树成荫，小径蜿蜒。你可以漫步在花海之中，感受春天的气息；或者坐在湖边，欣赏湖光山色，聆听大自然的声音。在这里，时间仿佛放慢了脚步，让人忘却尘世的烦恼，沉浸在这份宁静与美好之中。

庄园的主体建筑采用了传统的中式建筑风格，屋顶覆盖着青瓦，檐角飞翘，展现出一种古朴典雅的美感。墙面采用了天然石材和木材，质感自然，与周围的自然环境和谐相融。

在建筑细节上，庄园注重传统工艺的运用，比如精美的砖雕、木雕和彩绘，都体现了中国传统文化的精髓。同时，现代设计元素也被巧妙地融入其中，如大面积的玻璃窗和现代化的室内装饰，使整个庄园既不失传统韵味，又充满了现代气息。

庄园的布局也十分讲究，整个庄园既有美感又充满了灵气。无论是漫步在庄园的小径上，还是坐在庭院的凉亭中，都能感受到一种宁静与和谐。

这样的庄园，真是让人流连忘返。它不仅是一种视觉上的盛宴，更是一种心灵的疗愈。在这样的环境中，人们可以放下所有的烦恼和压力，尽情地享受大自然的馈赠。无论是清晨的鸟鸣还是傍晚的微风，都能让人感受到生活的美好。

随着五个家庭以及心灵老师的陆续抵达，定慧山庄内的"安心居"渐渐充满了欢声笑语，遍布着温馨的气息。这个被特别选作聚会场所的房间，以其独特的设计和宜人的环境，瞬间吸引了所有人的目光，也让每个人的心灵得到了前所未有的放松与宁静。

"安心居"之所以得名，或许正是因为它那份让人心安的力量。

屋顶上的大天窗如同自然的画框，将蓝天白云、星辰变化引入室内，让人在抬头间便能感受到宇宙的浩瀚与自然的宁静。而三面环绕的落地玻璃，更是将室外的美景无缝衔接至室内，无论是苍翠的山峦、碧波荡漾的湖泊，还是春日里绚烂的花朵，都仿佛触手可及，让人置身于大自然的怀抱之中。

房间内，各式各样的绿植错落有致地摆放着，它们为空间增添了生机与活力，仿佛是大自然的使者，传递着生命的力量与希望。这些绿植的存在，让"安心居"更像是一个微型的生态系统，让人在享受视觉盛宴的同时，也能感受到生命的律动与自然的和谐。

坐在这样的房间里，每个人都仿佛被一种无形的力量包围，心灵上的疲惫与压力逐渐消散。大家不约而同地开始期待着今天的特别聚会——"家庭心灵成长"。在这个充满爱与和谐的环境中，每个人都渴望通过分享与交流，探索家庭教育的真谛，促进家庭成员之间的理解与沟通，共同促进心灵的成长与蜕变。

随着聚会的正式开始，一场关于家庭、心灵与成长的深刻对话缓缓拉开序幕。在这个美好的春日午后，定慧山庄的"安心居"见证了五个家庭以及心灵老师之间的真诚交流与情感共鸣，也为他们留下了一段难忘而宝贵的回忆。

"安心居"内地面上的坐垫布置得既贴心又周到，它们不仅是简单的坐具，更是营造轻松氛围的关键元素。这些坐垫既舒软又富有弹性，让人不自觉地放松下来。而背后的靠背设计更是贴心，为背部提供了恰到好处的支撑，即便长时间坐着也不会感到疲惫。

这样的布置与传统会议室的严肃氛围截然不同，它打破了那种沉闷、压抑的感觉，让整个空间变得更加温馨、亲切。对于孩子们来说，这样的环境更是充满了吸引力，他们不再觉得像是在教室里上课那样拘束和紧张，而是能够以一种更加轻松自在的心态参与到聚会中来。

在这样的氛围中，家庭成员们可以更加自由地交流、分享彼此的心得与感受，无须担心外界的干扰或压力。孩子们也更容易敞开心扉，表达自己的想法和情感。

于亮选择坐在最后一排，爸爸妈妈没有强迫他改变选择，而是随着他坐了下来。于亮前段时间发生的事情，大家都知道，只不过心照不宣，见了面没人在于亮跟前提及这件事情。

杨晶和王淼选择在于亮附近位置的地方坐下来，杨正走进来，本想坐在杨晶身边的位置，但是已经感受到王淼和孩子身上散发出排斥的气息，他就在隔了几个座位的地方坐下。

高梁飞和赵天宇一前一后走进房间，两个男孩子坐在一起，高志远和梁小芬，以及赵默和康丽丽在两个男孩子附近坐下来。

方雨琪一进来就跑到杨晶身边坐下，周劲、刘艳坐在了前排，方雨琪同母异父的弟弟周越跟着爸爸妈妈坐下来，周越今年五年级，也是五个家庭里最小的孩子了。

心灵老师身着一袭精心挑选的紫色碎花双层旗袍，这旗袍经过改良设计，既保留了传统旗袍的韵味，又融入了现代时尚的元素，尤其是那宽大的裙摆，随风轻轻摇曳，仿佛是大自然中一片盛开的紫罗兰，既庄严又充满生机。

心灵老师身旁放着一束香水百合，远远地就能闻到花的香味。整个"安心居"内的氛围瞬间变得更加庄重而又不失温馨。

一场心灵盛宴即将在这山水之间展开……

第二节　生命的考问

在来之前，心灵老师已经通过张琴的介绍，大致了解了几个家庭的情况。除了于萧和杨正这两个家庭，在大家的自我介绍中，心灵老师已经在心中对于其他家庭成员"对号入座"了。她看到了沉默寡言的男孩赵天宇，看到了一脸倔强与高冷的方雨琪，看到了在张扬中又带着一种说不出的自卑的高梁飞，也看到了稚气未脱、紧跟在爸妈身边的周越。她的目光从每一个人的面庞滑过，带着微笑，用一种温柔却又极其坚定有力、抑扬有致的声线开始跟大家打招呼。

她首先注意到了沉默寡言的赵天宇，这个正在读高一的男孩，眼神中透露出一种超越年龄的深邃与忧郁。她理解，青春期的孩子往往有着复杂而微妙的内心世界，需要更多的理解与关怀。

接着，她的目光落在了方雨琪身上。这个正在读高二的少女，一脸倔强与高冷，仿佛用一层厚厚的盔甲将自己包裹起来，不让任何人轻易靠近。但心灵老师知道，这样的外表下往往藏着一颗渴望被理解、被接纳的心。

随之，心灵老师注意到了高梁飞，这个张扬的初一男孩，在自信与不羁中却又带着一种难以言喻的自卑。

最后，她看到了紧跟在爸妈身边的周越。这个稚气未脱的孩子，是五个家庭里最小的成员，他的纯真与好奇为这场聚会增添了几分活泼与欢乐。

在仔细观察了每一个人之后，心灵老师用温柔而坚定的声音开启了今天的交流。她的声音充满了治愈的力量，仿佛能够穿透每个人的心灵。在这一刻，她不仅是这场心灵盛宴的引导者，更是每个家庭成员心灵的守护者。

"亲爱的朋友们，在这个美丽的地方和大家见面，真的很希望我们彼此都可以有收获。这个地方给了我非常美好的第一印象。也希望在接下来的时间，你们的内心一如这美丽的景色一样美好。"心灵老师温文尔雅，面带和煦的微笑，目光均匀地环视着每一个人，逐渐走进每个人的内心。

"亲爱的朋友们，我相信你们都看到了这里的山水、树木与各式各样的花朵，还有美丽的建筑，但是每个人的'看到'又会有些许的不一样。因为每个人心里的感受总会有一些最细微的差别。那么我也想请问，亲爱的朋友，你看到你的家人了吗？在过往的生命中，你有看到过他们吗？"

在说到最后一个看到的时候，心灵老师有意提高了声音，因为这里的"看到"，不仅是视觉上的感知，更是心灵深处那份无须言语便能深刻理解的联结。

当心灵老师讲到这里的时候，顿了一顿，她发现每个人可能心里都在思忖，不就是家人吗？有什么看不到的呢？

心灵老师接着说，"你有认真地看过他们吗？你有认真地看过他们的眼神吗？你有从他的眼神中，从他的生命状态中看到他的喜怒哀乐吗？你有真正地去了解过身边的生命吗？你有发自内心地去爱过他吗？

"如果你是一个妻子，在过往的生命中，你有想过，在你心目中的丈夫是一个什么样的人吗？你有没有想过，在这场生命的旅程中，你会为他做些什么，让他的生命更加的丰富，更加的有力量？如果你是一个丈夫，你有没有想过，在过去的生命历程中，你会为这个女人的生活幸福作出什么样的调整，作出什么样的改变，作出什么样的行动？如果你有想过，那么你做了吗？如果你做过，那么你坚持做了吗？

"如果你是一个父亲，是否曾深思过，孩子的成长，绝非母亲一肩独挑之责，父亲的角色同样至关重要。古语有云：'子不教，父之过'，这深刻地揭示了父亲在孩子教育体系中不可或缺的位置。父亲的思考方式、人生视野以及内在的力量与奋斗精神，都会如同细雨润物般，悄然地影响着孩子的成长轨迹。

"如果你是一个母亲，是否曾扪心自问，母亲究竟应当赋予孩子怎样的滋养？是日复一日的琐碎叮咛，还是大包大揽的代劳关照。我们也曾听说，一个好的母亲可以造福三代，一个不好的母亲也可以毁掉三代，由此也可以看到一个女人如果在家庭中做得好，她将会产生多么大的影响力！

"如果你是一个爸爸妈妈，你有没有想过，你为什么活在这个世界上？你为什么要生孩子？你生了孩子，你准备要成为一个什么样的父母？而你又期待你自己的孩子成为一个什么样的生命？

"如果你是一个孩子，有没有看到过你的爸爸妈妈，他们日复一日，不辞辛劳地为家庭奔波忙碌的身影？你是否曾亲眼见证你的爸爸妈妈，他们尝试以各种方式向你传达爱意，尽管有时候这些表达方式未必让人感觉很舒适。当你小的时候，需要依附爸爸妈妈的时候，你觉得他们在你生命中非常的重要；当你渐渐地长大，你是否会觉得他们有的时候真的很烦人，甚至会想，他们最好别成为自己的父母……就像曾经我在跟一个孩子交流的时候，她说道，如果我知道我的家人是这样，我宁愿在当初死在妈妈的子宫里，也不要来到这个世界……

"那么，究竟是哪里出了问题，孩子会对父母有这样的感情？父母又出现了什么样的问题，会让自己亲生的孩子对自己有这样的感受？"

……

大家没有想到，今天的交流是在这一连串的问题中开始的，每个人的内心都像电击了一般，如此的平常却又如此地振聋发聩。

"亲爱的朋友们，随着我一连串问题的抛出，我相信在每个人的内心都会产生一些思索：什么是看到？我们应该给予身边人怎样的爱？什么才是真正的爱？我想每个人都会有一些思索，也请大家能够积极地互动，分享你的想法与感触，这里是一个包容的场所，大家可以选择面对真实的自己。"

谁会第一个发言呢？

第三节　转动的齿轮

于萧这段时间有很多反思，本来他想第一个站起来说说自己的感受，正当他准备开口的时候，听到一个声音"我先来说一说"。他转头过去一看，是杨正。

"我曾经真的不是一个好丈夫，也不是一个好父亲。我在工作中尽职尽责，是别人眼中的好同事，但是在家庭里我确实做得很不好。我对孩子，对孩子妈妈都有很大的愧疚之意。以前，我在他们身上所花的时间太少，所花的精力也很少。直到前段时间晶晶出现了一些状况，她妈妈说看到她身上有那么多刀割的划痕，说实在的，当初我听到的时候真的很心疼。这段时间以来，也引发了我自己很多的反思。

"以前我把很多的负面情绪都带回家了，当在家庭中发生争吵和争执的时候，我甚至会对她们动手，对一个男人来说，这也许是最过分的行为了。她们都曾经怨恨我，孩子曾经有一段时间，拒绝接受我的任何的信息，任何的关怀，甚至拉黑了我的联系方式。我那个时候不能理解，但是现在我也一点一点地看到了自己问题的所在，曾经我把所有的责任都推在她的妈妈身上，抱怨她妈妈把所有的怨恨灌输给了孩子，而现在我也了解到曾经的所作所为、家庭里不和谐的氛围可能早就对孩子产生了各种各样的负面影响。

"我想说，在这段时间里，我逐渐了解到，爱需要包容，需要真诚，需要用心，需要耐心，需要我们去深入了解对方，洞察并满足彼此的真正需求，而不是把自己认为是好的东西一股脑儿地给到别人，或者强迫别人去接受。我开始更加清晰地认识到自私与真正的爱之间的界限，明白了爱是需要双方共同努力，相互理解和尊重的。

"我知道，最终导致家庭的分裂，我的责任很大。这些话语，长久以来一直深埋心底，未曾向晶晶妈妈和晶晶坦诚表达，如果不是今天这样的场合，我也真的讲不出来。我想说一句，我要真诚地请你们原谅曾经的我。"

杨正的话语落下，向着杨晶和王森的方向深深鞠了一躬。杨正今天的这一番话太真诚了，真诚的每个人其实在心里都想为他鼓掌，但是有一个人真的鼓了掌，就是高梁飞。

"杨正叔叔好样的，我觉得你是一个非常勇敢的爸爸，至少能够知道自己错在哪里，还能知错就改。而我呢？当我受别人欺负的时候，我的爸爸在哪里？"高梁飞说着这些话，声音似乎有点哽咽。也许是那些曾经隐藏着的悲伤的情绪，在触碰到的时候，开始在情感中流动了。

高梁飞接着说："我也希望有一个有力量、可以给我撑腰的爸爸，但是爸爸太忙了，忙到我都很少能够见得到他。"当他说着这些话的时候。旁边坐着的高志远脸上的表情很复杂。他没有抬头，也没有说话。

这时候，方雨琪站起来走到高梁飞身边，蹲下身来，手扶在高梁飞的肩上："梁飞弟弟，至少你还有个像样的家，而我的家呢？"

"有很多同学都不愿意去学校，而我却不愿意回家，每次到周末，到假期的时候，我都很发愁。我不知道去哪里，我不得不回到那个我并不想回的家。"

"我的亲生父亲，一年也见不了两次，而我的妈妈呢，我最常能看到

蜕变，从心开始

的就是她歇斯底里的样子，从小到现在，从来没有改变过。

"尽管周叔叔对我不错，可是在这个家里边，我永远都觉得我是多余的，我觉得我都不应该活在这个世界上。不知道我生命存在的价值和意义是什么？曾经有过很多次，我都想结束自己的生命，也曾经为此做过很多准备，但是到现在为止，我还没有勇气作出这个举动。"方雨琪那倔强的表情难以掩饰脆弱的内心，她的眼睛闪动着泪花，她紧紧地咬着嘴唇，那泪珠在眼睛里打着转儿，强忍着没有掉下来。

心灵老师走过来，轻轻地拥抱着两个孩子，仿佛把自己的孩子抱在怀中，那种拥抱带着爱，是那么纯粹，就像暖暖的阳光轻柔地照进了两个孩子的内心，他们的情绪瞬间平复下来……

刘艳坐在那里，透露出孩子一样的委屈，她心里在想：我受的苦还不够多吗？我付出的还不够多吗？居然在这么多人面前说这样的话，让我丢人。

心灵老师看到现场家庭觉醒的齿轮已经开始在转动，能量已经开始在流动，每个人都开始去面对那些曾经不敢面对的，不愿意正视的内心阴暗的角落。等着大家都发言完毕，心灵老师说："感谢大家的真诚与敞开，一个人对自己越真实就能对别人越真诚。原生家庭对大家来说非常的重要。"心灵老师敏锐地观察到了现场氛围的微妙变化，仿佛一台精密的机器，在每个人的心灵深处，那些曾经停滞不前的齿轮开始缓缓转动，释放出被压抑已久的能量。这股能量如同涓涓细流，汇聚成河，引领着每一个人勇敢地迈出那曾经避之不及、深藏于心的阴暗角落。"蝴蝶效应[1]"开始

---

[1] 指在一个动态系统中，初始条件的细微变化，可能带动整个系统长期且巨大的链式反应，一只南美洲的蝴蝶扇动翅膀，结果可能引发美国得克萨斯州的一场龙卷风。由美国数学家与气象学家爱德华·诺顿·洛伦茨（1917.05.23–2008.04.16）提出。

启动，但愿不仅仅是这五个家庭，希望还有更多的家庭可以产生思想的震动，思维的巨变，从而能够更好地陪伴孩子成长。

当所有人的心声都得以倾诉，心灵老师以她那温暖而深邃的目光环视四周，轻声说道："感谢大家的真诚与敞开，这是成长路上最宝贵的财富。记住，一个人只有先对自己真实，才能以同样的真诚去对待他人。原生家庭，这个我们生命最初的港湾，无论它带给我们的是温暖还是风雨，都深刻地影响着我们的成长轨迹。它的重要性不言而喻，对于每一个孩子来说，都是塑造自我、理解世界的基石。大家休息一下吧，我们一会儿回来聊一聊原生家庭的话题。"

第四节　觉醒的种子

"跟大家讲一位妈妈真实的经历，我们暂时把妈妈称为'蓝卡'。

"蓝卡兄妹四个，自己是家里老小，上面三个兄长。蓝卡的妈妈强势，三个兄长成家后，和妈妈相处都不好；蓝卡就成了妈妈强烈控制的对象，牢牢地把她拴在自己身边，希望蓝卡更好地照顾她。

"为了让蓝卡离得近一点，从上学、找工作，到找对象，蓝卡都受到了妈妈的强烈干涉。

"蓝卡后来回首自己成长的过程，感觉非常的压抑，也觉得自己牺牲了太多，忽略了自己的追求与幸福。

"当蓝卡有了自己的孩子后，就决心一定要给孩子最好的生活，不要像自己以前的经历那么痛苦。因此，从孩子进入学龄期，蓝卡就给孩子找当地最好的幼儿园、最好的小学、排名靠前的初中。买各种各样的补习材料，报各种各样的补习班……希望给孩子铺一条平坦大道，让孩子按照设置好的完美生活前进。

"似乎一切顺心顺意，直到有一天学习成绩优异的孩子开始出现各种厌学的表现，和蓝卡之间产生各种对抗，甚至不愿意听到她说话的声音。

"这时她才发现，原来自己曾经那么讨厌母亲对自己的控制，母亲的强势，而现在她换了一种方式，以爱的名义施加在了孩子的身上。

"孩子出现的问题，给了她重重的提醒，于是开始面对自身的成长，后来在咨询中，逐步解开了曾经在自己身上打下的枷锁与烙印。"

听着心灵老师的讲述，王淼、刘艳还有康丽丽都在反思自己曾经对待孩子的方式。

康丽丽看着坐在身边像一个受气包的赵默，再看看坐在前面总是两眼无光，低着头，大多时候沉默不语，甚至有一些懦弱的赵天宇。康丽丽的心抽动了一下，自己是否需要改变？

"蓝卡的经历告诉我们，原生家庭，也就是一个人出生和成长的家庭，每个孩子学习情感的最初场所，会根据父母的养育方式和反应模式，对孩子造成影响。这种影响有好有坏，并延续到长大后人的性格、行为、思想的塑造中，也会被无意识地带入成年的生活中。

"原生家庭对孩子的影响非常大。俗话说父母是孩子的第一任老师，孩子的一些行为举止都受到父母言行的影响，如果这个时期养成不好的习性，以后也很难改变。就像著名的心理学实验'破窗效应[1]'，这个效应

---

[1] 由詹姆士·威尔逊（James Q. Wilson）及乔治·凯林（George L. Kelling）提出，并刊于 The Atlantic Monthly 1982 年 3 月版的一篇题为"Broken Windows"的文章。

描述了一个环境中的不良现象如果得不到及时纠正，就会诱使人们仿效，甚至变本加厉。例如，一个房子的窗户如果破了没有人修补，其他窗户也可能很快被破坏。'破窗效应'强调了环境对个体行为的暗示性和诱导性。

"原生家庭中的人际相处模式会潜移默化地影响个人，而后持续在个体自己的亲密关系中不断地表现出来。个体的价值观、行为模式、个性特点、对亲密关系的看法以及与他人的互动模式都受到原生家庭的影响。

"并且如果个体没有强大的觉醒力，原生家庭的影响可能会伴随个体终生，即使个体同原生家庭之间已经切断了联系，原生家庭的影响仍会持续存在。

"所以，作为父母要学会构建一个优质的'原生家庭'。

"首先，家长要学会树立正确的家庭教育观念。每个父母都渴望培养出健康、有教养、有前途、能独立的孩子，但具体落实到实际行动上却不容易。要想做到希望达成的事情，正确的家庭教育观念是前提和关键。父母的教育观念影响着孩子的行为方式与价值观念，并将决定孩子的未来。

"此外，家长要学会尊重孩子。我们得学会尊重孩子，尊重他的独立、个性、思想。抱着尊重与平等的心态去对待，去走进孩子的内心世界，了解孩子的所思所想。这样孩子就会更加信任父母，愿意与父母沟通。

"同样重要的是，家长要正确看待孩子的成绩。作为父母，应该看到孩子的学习任务是繁重的、学业压力是巨大的。不能一味地把孩子的考试成绩看得过重，更不能以孩子的成绩来决定他们的未来。要怀着一颗平常的心态去对待我们的孩子，对孩子多一分宽容与理解，少一些责怪与要求。如果孩子已经受到了原生家庭的伤害，我们要学会使用治愈的钥匙'和解'。"

蜕变，从心开始

　　心灵老师娓娓道来，每个人对原生家庭有了新的认识。

　　这不是一场轻松的娱乐活动，也不是一顿可以毫不费力享用的美食，可是每一个人却听得津津有味，咀嚼着每一句话，似乎都和自己的生活那么的贴近。

　　这一下午的时间，不知不觉中觉醒的种子已然在每个人心中种下，无论是家长还是孩子，都将开启一条成长之路，去提升自己的生命品质。

　　傍晚的太阳泛着金红色的光，晕染了半边天空，连同天空，以及那落日都映在"安心居"旁边的湖中，每个人都被深深地吸引了，原来生命中还有如此美好的时刻。

第四章　寒冰在融化

在定慧山庄举行的"家庭心灵成长"的交流就像在黑暗中燃起的烛光，像平静的湖面上轻轻掷下的一个石子激起的细腻涟漪，更如同昏沉梦境中忽地响起的惊雷，让每一个沉睡的灵魂猛然惊醒。

每个家庭都在反思，于是，在家庭成员之间那冻结的厚厚的寒冰开始融化。爸爸妈妈还有孩子们都开始重新去审视自己。在这场心灵的盛宴中，每个家庭仿佛置身于一场温柔的革命，那些长久以来在家庭成员间累积的、看似坚不可摧的寒冰壁垒，开始在这股温暖而坚定的力量下悄然融化。"君子务本，本立而道生。"家庭成员们开始回归本心，以更加开放和包容的心态，重新审视自我与他人的关系，寻求着心灵深处的那份纯粹。

在这场心灵的觉醒之旅中，爱，如同春日里细雨绵绵，无声地滋养着每个人渴望成长的心田。

蜕变，从心开始

第一节　月光下的反思

月亮在云层中穿梭，光芒时而被云层温柔地遮掩；时而穿透云层，洒下银辉，照亮了高志远所在的30层办公楼的一角。

高志远站在办公楼中，看着空中的月亮，似乎这么近，想要伸手去触碰，却又是那么的遥远，他凝视着那轮既近又远的月亮，心中涌动着复杂的情感。他靠在窗边，手中的香烟缓缓燃烧，袅袅青烟与窗外偶尔掠过的夜风交织在一起，仿佛也在诉说着什么。高志远的思绪随着这缕缕轻烟飘向了远方，回到了那个让他心灵得到净化的地方——定慧山庄。他的思绪也不由自主地穿梭于过去的岁月之中，回想着那些曾经走过的或平坦或崎岖的路……

高志远在同龄人中，可以说是个佼佼者，头脑聪明，思维敏捷。在20世纪90年代末住房商品化、社会化改革初期，他便敏锐地捕捉到了时代的脉搏，二十来岁的高志远，毅然投身于这片充满机遇与挑战的房地产领域。凭借着不懈的努力和独到的眼光，他迅速在行业中崭露头角，经过几年的打拼，他拥有了自己的房地产公司，尽管不算头部企业，但是在二三线城市，他还是做了非常多漂亮的楼盘。可以说乘着中国经济快速发展的东风，在房地产市场上一路高歌猛进，享受着房地产市场繁荣带来的红利，一度赚得盆满钵满。

但是最近几年，这个行业与往昔相比，有了天壤之别，面临前所未有的困境。

最近几年,高志远头发白了不少。此刻面对着眼前的玻璃窗,他也依稀能够看到,鬓角的白发又增添了很多,似乎一点点地侵袭着他头上仅剩的黑发。那日益增多的白发如同无声的提醒,告诉他岁月不饶人,压力与疲惫正悄然侵蚀着他的身体与心灵。

45岁,尽管正值壮年,但经营上的压力已让高志远备受折磨与煎熬,他时常会受到负面情绪的困扰,愤怒、暴躁是极为常见的。

他回想起年轻时遇到梁小芬的时光,那时的梁小芬聪明伶俐,在他的事业中可以说是得力助手,又是恩爱的妻子,他们俩曾经是别人羡慕的神仙眷侣。早期因为事业打拼,高志远和梁小芬要孩子比较晚,在梁小芬整整32岁的时候才生下高梁飞,是在事业稍稳定下来的时候。但是也就在这前后,高志远生命中的另外一个女人出现了,比起梁小芬的聪明能干,这个名叫肖然的女人,似乎更多了一些温柔和娴静。高志远被这个温柔、娴静又美貌的女人吸引,投入爱河,并且两个人还有了孩子,这孩子也仅仅比高梁飞小了半岁。明里暗里,高志远开始需要照顾两个家庭。女人的直觉是很准的,尽管梁小芬没有直接的证据,但是依稀也感受到了,高志远的心似乎离家越来越远……

生了孩子之后,梁小芬就做了全职太太,将全部心血倾注于孩子的成长中。但是与此同时,家里也变得空荡荡的。偌大的房子,除了她和保姆以及孩子之外,余下的便是一片难以言喻的寂静。高志远很少回到这个家里,总是在出差。这个家对高志远来说,变得越来越像一家酒店,很长时间才住一次。伴随着梁小芬独守这份空寂不安,高梁飞在慢慢地长大……

想到这里,高志远的内心被一股难以言喻的不安笼罩着。他是真的对不起梁小芬和高梁飞；和肖然的相处虽然做得隐秘，没有被梁小芬找到证据，但他每次面对梁小芬的时候，眼光总是闪烁不定，他自己也心虚，真的不敢想象如果有一天东窗事发，那将是一种何等难堪的局面。但如果一直维持这样的局面，也非长久之计。孩子们都在长大，他无法再像以前那样坦荡地面对自己的家庭，何况是在违背法制与道德的边缘行动，他时常受到自己内心的谴责。在现实面前，他终究是要作出抉择的。和肖然相处的前两年激情四射，浪漫无比，但荷尔蒙的作用力不会持续很长时间的，到后面两人的情感也是渐趋平淡的。狂热过后，回归理性，高志远发现，自己在歧途中已经走得很远了……

对高志远而言，肩上的事业重担已沉甸甸。他无暇顾及家庭琐事，一门心思扑在累积财富的征途上，为了维持富人的身份以及取得更大的自由。金钱至上，也是高志远一度秉持的价值观，他认为这个世界上大多的道理都由金钱说了算。直到定慧山庄那次深刻的交流，似乎一下子撬开了他的心扉，让他首次窥见了自己内心深处的自私之影，让他隐隐地感到家庭以及高梁飞存在的问题。

正如俗语"灯下黑[1]"所示，人们往往最容易忽视眼前最熟悉、最亲近之物的真实面貌。高志远此刻的心境，正是这一效应的生动写照。他开始渐渐感受到，真正的幸福与自由，并非全然建立于金钱的堆砌之上，而是源自心灵的富足与家庭的和谐。

所以，他要好好想一想。他究竟该怎么做，应该做一个什么样的父亲？

---

[1] 原指照明时由于被灯具自身遮挡，在灯下产生阴暗区域。引申为人们对发生在身边很近事物和事件没有看见和察觉。

夜空中，月亮高悬，如同一位慈祥的守望者，静静地倾听着世间的故事。随着云层的缓缓散去，月光越发皎洁。

依照惯例，他今晚会到市郊的别墅肖然那里，但此刻他在心里暗暗做了一个决定，他掐灭了手中的烟蒂，马上回家，也许梁小芬还没有睡。

第二节　狂风暴雨

从定慧山庄回来，毫无悬念地，刘艳家里又发生了一场大冲突。首先是刘艳表达了对方雨琪的不满。刘艳一进门，便难以遏制心中的怒火，直指方雨琪，言辞间充满了不满与责备，"你为什么要在大庭广众之下，揭我们家的短？那些是私人的事情，是我们的隐私，你这样做，让我感觉颜面尽失，无地自容！"

方雨琪显然被这突如其来的指责打得措手不及，不假思索地作出了应激反应，她的声音里充满了压抑已久的情绪，她的话语如同决堤的洪水，一泻而出："你从来考虑的都是你的面子。难道我不说你就不丢脸了吗？为什么你看到的都是别人的过错，没有任何时候能看到自己的问题？"她深吸一口气，继续说道，"如果不是在那样的场合。我也不会说，永远不会对你们说，你们永远不会知道我心里到底在想什么。我小的时候你都是用打和骂的方式来解决问题，顺服我，让我依从你那或荒谬或不可理喻的决定，只要我有一点点不合你的意，你就拼命地打我，把你所有的不满都发泄在我的身上。等我慢慢长大了，我开始不再受你摆布，你就开始在吵闹中要死要活的，要么用跳楼来威胁我，要么拿着剪刀扬言让我杀死你，要么用手掌打自己耳光"（这些场景本不该出现在一个母亲对女儿的威胁中）。方雨琪声嘶力竭，"你用这样的方式，折磨我，控制我，折磨着家里的每一个人！"方雨琪的眼眶泛红，声音微微颤抖，"以前你和我爸生活在一起的时候就这样，现在我们一家人生活在一起，你还是这样子，你到底是一个妈妈，还是个永远长不大的孩子？"

刘艳闻言，脸色瞬间变得苍白，她似乎被方雨琪的话深深刺痛，但又不愿承认自己的过错，"我错了吗？我付出的不多吗？我没有照顾好你吗？你认为我不好，你就滚，滚得远远的。"她的声音里带着一丝颤抖和不甘，一边说，一边把身边桌子上的瓷碗和盘子狠狠地扒拉在地上。方雨琪的泪水如同断了线的珠子，她哭诉着："我宁愿不要你这样的照顾！如果我知道我一直要受这样的痛苦，我宁愿你小时候就把我打死，现在我就不用费尽心思想着如何结束生命了！"方雨琪如此决绝地控诉着，她的情绪越发激动，仿佛内心所有的压抑在这一刻彻底爆发，"如果你不能给我安宁的家庭，为什么要把我带到这个世界上？如果不能给我安宁的家庭，为什么和爸爸离婚的时候还要死活把我带在你身边？我现在每一天都很发狂，我抑制不住自己，我不知道什么时候会杀了我自己，或者杀死你们！"

方雨琪的哭声在空气中回荡，她的每一个字都像锋利的刀刃，切割着母女之间那已经脆弱不堪的关系。这场冲突，不仅是对过去的控诉，更是对未来的一种绝望和挣扎。

周劲轻轻地关上周越的房门，转身步入客厅，面对眼前的家庭纷争，他深感无力却又不得不站出来。他明白，自己在这个重组家庭中的位置微妙而复杂，对方雨琪这个并非亲生女儿的孩子，他既想给予关爱，又难以跨越那层血缘的隔阂。这孩子受了很多委屈，性格又非常的倔强。所以他所能表达的仅仅是一个长辈，像对一个邻家女孩那样地关心、客气和照顾。他知道，他们心与心之间的距离还很远，他和刘艳重组家庭的时候，方雨琪还是个刚上二年级的小学生，而现在她已经是一个高二的学生了。他和刘艳一起生活了9年，也知道刘艳这种"神经质"的状态，确实在家庭里对每个人都造成很多的伤害，不仅仅是给方雨琪，也包括对周越。周越现在还小，但是和刘艳之间的冲突已经日渐上升。并且他也能感觉到，方雨琪对周越表现出了较大的敌意。

他扶着刘艳坐在沙发上，让她平静下来，同时，他转向方雨琪，语气平和而诚恳："孩子，我们家庭确实有问题。我们要选择去正视这些问题，我的问题，妈妈的问题，你的问题，我们每个人都要正视，从我们自己开始做起，去改变、拯救这个家庭。"

周劲在定慧山庄的交流中，其实内心也有很多的感触。他目睹了方雨琪内心的挣扎与痛苦，那份压抑已久的情绪如同火山般即将爆发，让他深感忧虑与不安。那一刻，他下定决心，要尽自己所能去帮助方雨琪走出阴霾。他觉得不能让方雨琪在这样的状态里继续沉沦下去，否则她真的可能做出一些比较极端的事情。

周劲明白，方雨琪所经历的创伤是日复一日积累下来的，绝非一朝一夕所能愈合，她需要专业的心理干预与引导。于是，他萌生了寻找心灵老师的念头，希望通过专业的心理建设，帮助方雨琪疗愈过去的伤痛。当然，刘艳也是那个最需要改变的人，周劲也知道刘艳的固执与神经质状态，不仅深深地影响着方雨琪，也波及了整个家庭的氛围。让她发生改变，真的不是那么容易的事情，除非刘艳对自己有足够的反思。

周劲想让方雨琪去做心理建设的想法还没来得及说，在这场冲突平息之后，方雨琪倒先找到了周劲，"叔叔，我真的感觉我可能出现了一些问题……"方雨琪的声音中带着一丝颤抖，但她的眼神却异常坚定。她将自己内心的疯狂念头、对自我生命的质疑、对家人的愤怒与仇恨，以及对学习的影响原原本本地向周劲倾诉了出来。这些话语如同重锤般击打着周劲的心房，让他更加坚定了要帮助方雨琪走出困境的决心。

第三节 "奶爸老公"之怨

从定慧山庄回来，康丽丽一家每个人的心境都悄然发生了变化。康丽丽作为一名职业女性，在职场上可谓一帆风顺，在外人的眼里也非常的成功，是外界眼中公认的成功人士，赢得了众多朋友和员工的仰慕。四十来岁，她已荣升为一家英国医药企业在中国分公司的一条产品线的事业部总经理。

在职业发展的道路上，康丽丽倾注了无数心血。但是，最近这些年整个医疗行业生态发生了变化，每家企业都面临着很大的挑战。尽管工作上的事情对康丽丽有影响，但并不能对她造成任何的羁绊。反而是家庭方面，似乎一直是压在她心头的一块大石头，相较于康丽丽的能干，而赵默就如他的名字一样，无论是在生活中还是在曾经的工作中，都是那样的沉默。也正是因为如此，在照顾赵天宇上学这件事情上，赵默就成了全职奶爸。

其实，对于赵默完全辞去工作，成为全职奶爸的这一决定，康丽丽内心是不平衡的。作为新时代的中国女性，她深知"巾帼不让须眉"之理，目睹了无数女性在职场上披荆斩棘，与男性并肩而立，共绘时代华章的场景。然而，当这份坚韧与独立映照至家庭生活的微观层面，她却不由自主地陷入了自我认知的迷宫。

毕竟女人在一起经常比较的就两件事，自己的老公多能干，自己的孩子多优秀。康丽丽每当与闺蜜间笑语盈盈，谈及各自夫君的成就，她心中那份难以言说的微妙情感便悄然滋生。这如同无形的枷锁，让她在提及赵默作为全职奶爸的身份时，难免生出几分羞赧、不安与自卑。

康丽丽自己尽管很优秀，但"奶爸老公"足以吞噬她内心的自信。她感觉赵默是如此的懦弱，似乎没有办法能为她遮风挡雨，才逼迫着她一步步地把自己练就成女强人，所以康丽丽的内心是不平衡的。就像坊间经常开的玩笑：本来想做大哥的女人，却不料活成了"女汉子"。

心理学上有个"社会比较理论[1]"，它像一面镜子，映照出人们在群体中寻找自我定位的本能。康丽丽在不经意间，也陷入了这一理论的旋涡，将自己的幸福与他人的评价紧密相连。她担心，自己的家庭模式，会让她在"谁家夫君更英勇，谁家子女更出众"的闲聊中黯然失色，那份原本对自我价值系统的坚定，在不经意间为外界的眼光所动摇。

尤其是面对赵默的时候，康丽丽会时不时有无端的怨气发泄出来，而这些怨气在燃烧赵默的同时，也会燃烧到自己，更是会燃烧到整个家庭。这种抱怨和愤怒，让她没有办法平静地面对赵默。赵默，这位在家庭幕后默默耕耘的守护者，他的辛勤与付出，如同春蚕吐丝，虽不显山露水，但

---

[1] "社会比较理论"是美国社会心理学家利昂·费斯廷格（Leon Festinger）在1954年提出来的构思，是每个个体在缺乏客观的情况下，利用他人作为比较的尺度，进行自我评价。

也织就了家的温馨与安宁。然而，在康丽丽的眼中，这些似乎并未被赋予足够的价值。

康丽丽在工作上的成功，也造就了生活中的"强势"。而赵默在事业上的空洞，就导致了家庭中"地位的弱势"。但是，我们说，"母亲太强势，父亲太弱势"是一个家庭的灾难。

我们总是用"母爱如水"等词语来形容母亲的伟大。这是一厢情愿的，很多的母亲，已经"自高自大"了，也没有了自控的能力。雨果说了这样一句话："大自然是善良的母亲，也是冷酷的屠夫。"

从人的自然天性来说，母亲在通情达理的时候，就像春风细雨，滋润家庭；当母亲变成了冬天的寒风，家庭就进入了冰窖的模式。母亲强势，就意味着父亲的作用被忽视，儿女也多半要变成"妈宝男、扶弟魔"等。

我们喜欢的父亲，如山一样伟岸，能够撑起一片蓝天，能在子女最苦的时候，给予最好的帮助。一旦遇到弱势的父亲，子女就会陷入悲观的状态。当子女咬牙去保护父亲的时候，虽然很孝顺，但是内心也会很痛苦。

赵天宇在学校出现的一系列问题，和家庭的"气场分布"也是有一定关系的。

从家庭发展的过程来说，父亲变得弱势，是因为自身的能力不足、处世态度不对，或者长期好吃懒做。家庭中母亲更多的是给予孩子爱，而父亲是要给予孩子力量。任何一方过于强势，对孩子的陪伴都会造成比较负面的影响，都会造成孩子吸收营养的不均衡。如果一直把对方"踩在脚底下"，没有尊重，对家庭的和谐、孩子的成长都是灾难。

家庭是孩子耳濡目染的环境，对孩子的成长产生潜移默化的影响，因此父母的互相尊重，家庭氛围的营造非常重要。在心灵老师以往的咨询中，夫妻之间出现矛盾，因为夫妻关系对孩子的成长造成影响的例子也非常多。

从父母双方的特点、在家庭中角色的不同来说，女人更感性，因此男人要更关注女人的情绪，而男人注重面子，那么女人就要给他面子。在相处中，要真正能够换位思考，接纳对方，理解对方，尊重对方。夫妻之间是要一起生活一辈子、彼此共度余生的，因此在家庭中，只要不是原则性的问题，双方要互相接纳缺点，不要只盯着对方的"刺"，经常试图把这个"刺"拔掉。殊不知，"拔刺"的时机与技能不对的时候很容易刺伤了自己也刺痛了对方，最后的结果是，那根"刺"刺得更深了，更牢固了。

现在的社会，在忙碌的工作中，有些家庭就像旅店，整个氛围比较冷漠。真实的需求恰恰相反，家是需要产生爱、产生情感的地方。夫妻之间需要多加沟通，彼此表达关心、关怀，甚至是制造一些小惊喜，为家庭营造浪漫和温暖的氛围。

每个家庭都在受着原生家庭的影响，夫妻之间如此，亲子之间也是如此。如果相处中磨合不好，彼此不能很好地匹配，就会出现很多冲突。如果为了关系更加亲密、家庭更加和谐稳定，就一定要进行夫妻的心灵成长。

定慧山庄一行，让康丽丽进行了深刻的自我审视，她试图解开赵天宇沉默寡言、缺乏沟通能力的谜题。她意识到，这既是赵默内敛性格的间接投影，也是她自身在家庭中强势姿态所留下的痕迹，不经意间抑制了家中男性成员的成长空间，使赵天宇在成长的征途上，未能如鹰击长空般自由翱翔，构建出坚韧而健康的自我。

上了高一的赵天宇，步履维艰，一直没有能够特别好地适应高一生活，磕磕绊绊，极其不顺利，尤其是近一个月以来，赵天宇处于比较痛苦的状态，一次又一次地被送到学校门口，到最后都退却了，没能顺利进入校门。康丽丽真的觉得打也不是，骂也不是，哄也不是，只要一提起上学，赵天宇就会流泪。这真的让这个职场上雷厉风行的女强人，感到无比的压抑。

从定慧山庄回来之后，她知道了，她们家庭的问题要从改善她和赵默的关系开始，她不能因为对赵默的抱怨和愤怒，经常无端地把所有的不快都宣泄在这个男人身上。同时，她也希望赵天宇通过对厌学情绪的克服，通过对学习压力的正视，能够发展为更健康的人格。想到这里，她觉得有必要请心灵老师，给她们的家庭开一个心理建设的处方，依照处方的指引让她们的家庭重新和谐地运转起来。

觉醒的按钮一旦按下，新的运作模式将会展开，每个家庭将会呈现出什么样的运作模式呢？让我们拭目以待吧。

第四节　艰难的原谅

梁小芬静坐于客厅的柔软沙发之中，周遭散落着几本已翻阅却难以沉浸其间的书籍，心中泛起一阵莫名的思绪，她暗自思量，如果自己没有看书的习惯，这生活岂不更是百无聊赖？偌大的别墅，只有她一个人。她还记得曾经和高志远一起奋斗，为了梦想中的房子，为了梦想中的别墅，她们付出了太多。

她还记得，当别墅装修好之后，高志远满怀期待地领她踏入这个新家时，那份震撼与喜悦交织的情感：她太喜欢这个地方了，这就是她理想的家园，装修风格更是精心挑选，完全贴合了她内心深处的那份雅致与温婉。

16年前一个春天的上午，高志远开车带她过来，下车后她就被吸引了，从外面看，这座大别墅矗立在一片葱郁的花园之中，占地极广。别墅的外观设计简洁而典雅，采用了白色和金色的配色方案，尽显高贵气质。每一扇窗户都设计得恰到好处，既保证了室内的采光，又增添了别墅的优雅感。别墅的门前，是一条蜿蜒曲折的鹅卵石小道，两旁种满了各色的花卉，仿佛一条通往仙境的通道。

走进别墅，首先映入眼帘的是宽敞明亮的客厅。客厅的地面铺着柔软的地毯，踩上去就像踩在云朵上一样。墙壁上挂着名贵的画作，每一幅都充满了艺术气息。客厅中央摆放着一套豪华的沙发，沙发上的靠垫和抱枕都是用顶级的丝绸制成，触感柔软细腻。在客厅的一角，还有一个精心设计的吧台，摆放着各种美酒和精致的酒杯。

穿过客厅，餐厅的装潢同样豪华，餐桌和椅子都是用上等的木材制成，上面雕刻着精美的花纹。餐厅的吊灯设计得十分独特，散发出柔和而温暖的光芒。在这里用餐，仿佛置身于一个五星级的餐厅。

再往二楼走去，是别墅的卧室。卧室的布置温馨而舒适，床铺柔软宽敞，被子和枕头都是用上好的羽绒制成。床头柜上摆放着一些精致的装饰品和书籍。在卧室的一角，还有一个宽敞的更衣室。

除了这些基本的房间外，别墅还配备了健身房、游泳池、电影院等豪华设施。那一刻，她真的太满足了，她的人生因为有高志远而涵盖了所有的意义。

而现在，别墅还是那栋别墅，带给她的却是另外一种感觉，她时常会感觉到孤独，有的时候会感到一阵恐慌，而这些恐慌来自哪里，她也说不清楚。

今天晚上，孩子在学校，阿姨有事回家了，这么大的一个地方，只有她一个人，在内心里有说不尽的幽怨感。她想想，还是去睡觉吧，正要上楼的时候，听到客厅的门有响动，再一看，原来是高志远回来了，这是她没有想到的。

"你……怎么回来了？"梁小芬惊讶地问道，目光紧紧跟随着突然归来的高志远，高志远没有直接回答，而是走到梁小芬身边："今天晚上想跟你聊聊天。"这种声音语调也是这些年来从未有过的温柔，正是因为这种温柔的感觉，让梁小芬无法抗拒，她选择坐了下来。高志远到吧台上，拿了一瓶18年的拉菲，打开，醒酒。那是他们共同珍藏的佳酿，象征着岁月的沉淀与情感的醇厚。

随着"砰"的一声轻响，酒塞被优雅地拔出，酒香瞬间弥漫了整个空间，也悄然唤醒了两人之间那些被日常琐碎掩盖的浪漫记忆，他拿了两个杯子摆放在各自的面前。看着高志远的一举一动，梁小芬知道高志远是有重要的事情要和自己谈。因为遇到重要的事情要交流，高志远喜欢这种带有氛围的仪式感。

"你说吧，我听着。"梁小芬轻垂眼帘，没有正视高志远。高志远深吸一口气说："首先，我想说的是，对不起，对不起你，对不起孩子，对不起我们这个家，这些年你辛苦了。我今天所要说的事情，并不求你完全的原谅，但我还是希望能真正得到你的谅解。如果不是这次的定慧山庄之行，可能我一直没有勇气和你谈这个事情。而现在，我会把隐藏在我内心这么多年的秘密，向你和盘托出。"

梁小芬很紧张，她曾经多么想亲耳听到高志远所说的这个秘密，但是现在，她又如此地害怕，她不知道自己会有什么样的反应，她不知道自己是否还能恪守她的冷静和理性。

高志远非常真诚地讲述了这些年他和肖然的交往历程，本来他打算一直这样隐瞒下去，能瞒多久就瞒多久。但是随着时间的推移，这份隐瞒如同沉重的负担，让他深感内心的龌龊与煎熬，他想更加坦然地面对梁小芬和这个家庭。

梁小芬在听的过程中，一言不发。她的泪水无声地滑落，一口接着一口地喝着高志远为她斟的红酒，泪水滑入酒杯，红酒与泪水交织，模糊了味觉的界限，分不清是什么样的味道。她知道，这一夜，她会很痛很痛。这痛苦，足够将她全身心吞没，可是还有一丝的理智在告诉她，所有已成的事实没有办法再改变，在局中的每一个人必须在这里作出选择，而她的选择，是要选择一个完整的家，要让高梁飞拥有正常的父亲和母亲的爱，也正是因为这个力量的驱动，在高志远讲述完之后，她说："我恨你，真的很恨你，这种恨，也让我有万箭穿心的感觉。但是，我也谢谢你，能够亲口告诉我这个秘密。为了孩子，我希望我可以作出努力，我希望我能够慢慢地接受事实，慢慢地原谅你，而你必须在这种关系中作出一个新的选择和了断。对于那个无辜的孩子，我并非全然不顾，不会强求你割舍所有情感。但请明确，你与她之间的情感纠葛，必须彻底斩断！"

高志远听得出，这已经是梁小芬能够作出的最大让步了。因为她的理性，没有让局面发展到不可控的境地，这比高志远设想的最坏的局面已经好太多了，正是梁小芬这样的理性，反而让他又多了一丝愧疚。

这一夜，高志远和梁小芬，都失眠了。尽管有酒精的麻痹，也无法让他们入眠。过往的种种如同梦魇般缠绕，让人无法逃避。但是无论多痛的伤口，也都会过去，都会愈合。

这座大别墅，在晨曦的光芒中，渐渐显露出来。这个家庭里面，每个人的内心也会如黎明前黑暗的天空，必然会逐渐透射出一丝丝的光芒。当晨曦完全驱散夜色，大别墅在阳光下熠熠生辉之时，这个家庭也将迎来它新的篇章。

第五节　茧中的挣扎

康丽丽这几天出差了，赵天宇今天早上又没有去学校，赵默心里非常苦闷。他不知道该怎么做，他所能用的方法就是生拉硬拽，但是这些在以前都被证实毫无效果。

从定慧山庄回来，他自己也在思考。他这几十年过来，活着的意义是什么？从进入婚姻生活开始，他就像生活的附属品。遇到康丽丽，他感觉是很幸运的，但是也与他内心极大的自卑形成了反差。康丽丽，有文化，有学历，有能力。与他这个连初中都未毕业的昔日辍学生相比，显得如此格格不入。对于外人来讲，这种结合也是令人诧异的。对于这段婚姻，他自己感觉就像踩了狗屎一样。但是，不知道为什么，在这段婚姻中，他似乎永远也没有办法抬起头。他仿佛自愿踏入了一个无形的牢笼，将自己紧紧封闭其中，误以为这是唯一的安全之所。每每和康丽丽一起出去见各种各样的朋友，他其实都感觉无比自卑，因为在那些朋友中，至少也都是本科学历的，这似乎是他的伤疤，他不愿与别人谈起这些。所以，曾经有一段时间，他几乎不去参加任何的社交活动，这让康丽丽非常不舒服，因为在康丽丽的感觉里，自己有一个老公和没老公似乎没有什么差别。这样的状态不仅困扰着赵默，也悄然侵蚀着他们的婚姻。

赵默就这样把自己封闭着，除了照顾孩子和家里的事情，他没有任何社交，他也从来没有任何不良嗜好，不抽烟，不喝酒。但是对于生活，他似乎也没有太大的动力。孩子越来越大，自理能力越来越强，而他在家庭中的作用也在急剧下降。康丽丽也曾经劝过他，让他出去找一份工作，不为别的，只是为了一种生活状态。他也曾无数次幻想过打破自己亲手筑起的这道心障，但是直到现在，他还没有能够突破这个囚笼，把自己死死地封在这里面。

他也知道康丽丽很辛苦，作为一个女人，尽管在外面风光无限，但实则她背负着家庭经济的重担，承受着巨大的压力。这些，他都看在眼里，他更清楚，康丽丽对他的不满与日俱增，这种不满并非出于恶意，而是源于对共同未来的期许与现实的落差。他也曾经想，如果自己可以一夜暴富，能够承担这一切，就可以扬眉吐气了。他甚至尝试过买彩票，渴望那微乎其微的概率能为他带来转机。然而，现实是残酷的，幻想终究只是幻想，无法成为改变生活的捷径。有那么一段时间，他几乎放弃了自我，想着就这样在康丽丽的庇护下，浑浑噩噩地度过余生。可是在定慧山庄，心灵老师那些振聋发聩的生命拷问，似乎惊醒了他沉睡已久的心灵。这几天，他也开始在思考，他究竟应该为这个家庭做些什么？他真正能够给孩子带来什么？正因为如此，今天他作出了一个不一样的选择，他走到了赵天宇的房间。

"能跟爸爸聊聊天吗?"赵天宇非常惊诧,他没想到爸爸会用这样的方式开启对话,因为在他的印象中,爸爸似乎就不知道什么叫聊天,从小到大,他所看到的爸爸更多的都是"默"。

赵天宇从床上起来,坐在床沿。

赵默的声音虽显低沉,却饱含深情与期许,"爸爸不会说,也没有什么文化,充其量所有认识的字还没有你现在学的字多。爸爸很自卑,不愿意说话,也不喜欢出去见人,这么多年也一直没有出去工作过,我的见识和经历都远远不如你丰富。但爸爸想告诉你,我走到今天这一步,最大的原因其实在我自己。我错过了很多机会,也缺乏改变的勇气。所以,你一定不要像爸爸这样,你现在有机会有能力为自己铺垫更好的路。爸爸不知道能为你做什么,只有站在背后为你加油。爸爸会为了你努力地去做一个积极的人,做一个努力的爸爸。"

赵默似乎搜罗了他内心所有的词,才说出了这番话,这番表达虽质朴无华,却字字千钧;这些话语,没有华丽的辞藻修饰,却句句直击心灵,让赵天宇感受到了前所未有的震撼与温暖;这番话甚至也没有能够完全表达他的心意,但是对赵天宇来说,这是他自懂事以来到现在听到爸爸说的最动听的一番话。赵天宇什么都没有说,但是,已经感觉到一股力量悄然地在他内心升起。他也感觉到,爸爸就像那茧中的蚕蛹,经历了漫长的痛苦挣扎,终于决定突破自己。

第五章　抽丝剥茧

　　时光飞逝，距离于亮高考的时间也越来越近了，尽管他依然感到非常紧张，但与此同时，他也欣喜地察觉到自己的状态正逐步攀升至更佳之境。他感觉心灵老师就像有一把神秘的钥匙，一点一点地打开他的内心，让他一层一层地看到清晰的自己，看到他从来没有认识过的自己；也让他看清楚，他曾经那么久都生活在自己的思维所制造的幻象中，简直是作茧自缚。

　　他现在非常期待和心灵老师的见面，因为他能感受到每一次的见面似乎都让他在不知不觉中又前进了一步，这种进步是微妙而难以量化的，它藏在心灵的深处，唯有他自己能够细腻地感知到那份悄然发生的变化。当然身边的家人，作为他最亲近的见证者，也不由自主地感受到了他身上能量的聚变，这种转变是令人惊异的，家人恍惚间会有一种感觉，这是我的儿子吗，如此清新与阳光。

　　今天，是他第四次独自与心灵老师相见的日子，于亮心中满溢着难以言喻的期待。回顾前三次会面，他深刻地感受到自己内心的蜕变。那些长久以来被尘封、被压抑的负面情绪，仿佛在他的自我觉察之光下逐渐显现，如同心间悄然开启了一扇窗，让温暖的阳光穿透而入，照亮了那些隐匿在心灵深处的阴暗角落。随着这些负面情绪的自然流淌与释放，他的内心逐渐变得轻松，不再那般沉重。

更令他欣喜的是，他发现自己抵抗外界纷扰的能力也在不断增强，在纷繁复杂的世界中，他学会了保持内心的宁静与坚定，不再轻易为外界的风吹草动所动摇，不再那么在意他人的看法，不再因外界的一件小事而在内心反复思量纠结；同时，他也意识到自己在情绪管理上的显著进步。在多种情境下，他都能做到不再任由负面情绪肆意蔓延，不再像以前那样出现不可控的崩溃状态，而是运用所学的技能和方法，有效地进行调控与疏导。

于亮知道，按照计划今天心灵老师要干预自己的幻觉、幻听[1]——这是非常困扰他的一个问题，长久以来如同阴霾般笼罩着他，让他苦不堪言。怀着既紧张又期待的心情，他不自觉地加快了步伐，朝着那个对他而言异常温馨、充满温暖的心灵空间走去。

第一节　谁在我耳边

踏入心灵空间的那一刻，一股难以言喻的祥和气息瞬间包围了于亮。这份宁静与舒适，很大程度上源自心灵老师那独特而温暖的气场。他缓缓坐下，坐在那柔软的沙发上，调整着坐姿，直至找到那份最为舒适的

---

[1] 因精神因素导致的感知觉和思维障碍。

第五章 抽丝剥茧

状态。面对心灵老师那温柔而深邃的目光，于亮感到前所未有的放松与安心。

在心灵老师的轻声细语与悉心引导下，于亮的呼吸逐渐变得细长而平稳，身体也随之变得异常轻盈。他仿佛置身于一片无垠的宁静海洋之中，所有的烦恼与忧虑都随着海浪的起伏而渐渐消散。他的心灵，在这一刻，彻底地放开了束缚，达到了一种前所未有的放松与平和。

这种深度的放松，仿佛一股温柔的暖流，缓缓渗透至于亮的每一个细胞、每一块肌肉之中，将它们从日常的紧绷与疲惫中彻底解放出来。更为重要的是，他的大脑也在这份宁静中找到了休憩的港湾，不再为纷扰的思绪和无尽的念头所占据。没有那么多的念头，没有那么多的想法，只是静静地去感受身心合一的感觉。在这种放松的状态下，心灵老师的引导，让于亮和自己的潜意识做了深度的联结。

在这深邃的意识海洋里，学校的场景如画卷般徐徐展开。他清晰地看见自己端坐于教室之中，每一个细微的表情都逃不过内心的审视。随着探索的深入，他惊觉自己竟置身于一种难以名状的不安之中，仿佛周围布满了无形的利刃，每一把都携带着责备、嘲讽与恶语，从四面八方蜂拥而至，无情地刺向他。面对这突如其来的情感风暴，他那平静的心开始慌乱……

心灵老师敏锐地捕捉到了于亮神态的细微变化——眉头紧锁，额间微微出汗，这些无一不在诉说着他内心正被紧张与恐惧紧紧缠绕。她温柔而坚定地告诉他，无论眼前浮现何种景象，都无须忧虑，更无须恐惧。她鼓励于亮勇敢地面对，去深刻体验那些情绪与画面，让它们成为自我认知的桥梁。

于亮把自己的感受描述给心灵老师听，随后心灵老师引导他更加深入地探索那些念头与画面，引导他去觉察那些念头，去感受那些画面，鼓励他对着画面中那个不安的自己，讲述内心的接纳与力量：

"亲爱的自己，我感受到你了，

我知道你很难过，我知道你很不舒服。

我感受到了你的责备，我感受到了你的嘲讽。

我感受到你在说我的坏话，我都感受到了。

我接纳这些声音，我接纳你的存在，

你的出现是在提醒我，

我遇到了一些问题，让我觉察。

提示我看到内心深处所藏的污垢和垃圾，

让我察觉我自己的问题所在。

谢谢你的提示，谢谢你的关照。

我也会自己关照我自己……"

接着，心灵老师又把他的注意力引向他的同学，去看那些同学，去看那些老师，邀请他在更深层的意识层面与他们进行一场前所未有的对话。引导他将自己的疑惑与感受逐一倾诉，仿佛穿越了现实的隔阂，直接与每个人的心灵相连。

无比神奇的是，在这个过程中，他惊觉老师和同学们的表情与反应，与他平日里的想象大相径庭。他们的眼神中充满了平和与接纳，没有丝毫的偏见与冷漠，这让他感受到了前所未有的温暖与释然。

随着这种状态的深入，于亮开始感受到自己内心的微妙变化。那些曾经困扰他的幻觉与幻听，似乎也变得不再那么真实与可怕。他学会了以一种更加客观与冷静的态度去面对它们,不再被它们左右,也不再被它们束缚。这份内心的成长与蜕变,让于亮对未来充满了信心与希望。

心灵老师那如春风化雨般的声音,继续在于亮耳边轻轻回响,引导他深入探索这份奇妙的联结,于亮沉浸其中,感受着每一份情感的流动。每一次心灵的触碰,都让他觉得妙不可言,仿佛置身于一个全新的世界。这份体验来自心灵的深处,太过深刻,他难以用言语表达。

经历过这样一个过程,他仿佛感觉到自己内心那盏灯被点亮了,他开始感觉到曾经围绕在他身边的那些让他恐惧的声音、那些让他信以为真的奇怪画面逐渐地消失了。只有自己亲身体会过,才能够感觉到这个过程的神奇。

这次交流结束后,于亮怀着满心的好奇与激动,迫不及待地向心灵老师询问:"这究竟是怎样的一种方法?为何我感觉如此的神奇?"

心灵老师跟他讲:"这个方法,我们称为'心凌全息意象疗法[1]'。它不仅是一种方法,更是一次深入自我、联结内心的旅程。在这个过程中,我们鼓励你放下对大脑的过度依赖,不再用理性的分析去束缚那份来自心灵的直觉与感受。相反地,你只需要全心全意地去体验,去感受那些在你内心深处涌动的情感与意象。这样,你会发现,那些原本只存在于你内心世界的感觉与领悟,会逐渐在外在的世界里显化,如同涟漪般缓缓扩散,影响并改变着你的生活。"

从心灵空间走出来之后,他感觉自己的身体、灵魂又轻松了一层。在

---

[1] 通过深入心理活动、情绪、行为等全息模块在意识深处的投影、呈现,找到心理问题的根源,并在"影像干预"中改变个体的体验、认知以及心理状态的一项综合性心理治疗技术。由潘新凌中小学生心理健康工作室于2020年提出,并进行注册。

那一刻,一个前所未有的念头在他心中悄然萌芽——"幸好出现了这样的一次心理危机……"在这场心理危机中,他对自己有了更多更深的认识。在这个成长过程中,他拥有了更深层的体验。

于亮对后面的治疗充满了信心,他相信心灵老师那神奇的无形之手,可以抽丝剥茧,一点一点地让一个更加真实的于亮呈现在自己面前。

回到家里,出乎于亮的意料,爸爸已经在家了,他一直习惯的是早出晚归、频繁出差的爸爸。

听到于亮进门的声音,爸爸从厨房出来。

看着爸爸穿着围裙的样子,于亮的内心很复杂。一个向来威严的爸爸穿上围裙,看上去很滑稽又有点可爱。

于亮知道,这些天以来,爸爸出乎意料地温柔,尽管和爸爸之间还没有深入的交流,但他已经感受到爸爸是对小时候管教他的方式心有愧意。

"今天怎么样?"爸爸的声音打断了于亮的思绪,简单的话语中透露出满满的关切。于亮深吸一口气,微笑着回应:"挺好的,爸,我挺好的。你们……你们不用太担心我。"

这句话,既是对爸爸问候的回应,也是对自己这一段时间成长与蜕变的肯定。这也是自他离家出走以来第一次直面安慰爸爸。

"好,好,那就好,我今天做了你最爱吃的……"

父子之间仅是寥寥数语,但显然,彼此之间横隔的墙壁已然拆除。

原来,人的心念变化就在那一瞬间。

第二节　人际困境

　　杨晶初见心灵老师时，心情处于低谷期，仿佛置身于无尽的黑暗之中，充满了绝望与无助，感觉自己在这个世界上仿佛是多余的存在，生活失去了所有的色彩与意义。第一次见心灵老师，她对着心灵老师泪流不止，极其崩溃。然而，正是这段看似艰难的经历，悄然间在杨晶的心田种下了改变的种子。随着时间的推移，她开始学会观察自己内心的情绪起伏，而且对于生命有了不同的理解。无论自己在家庭中经历了什么，她现在都能够看到前进的希望，也能够感受到生活中的乐趣。她和父亲之间那冰冷的情感，也在慢慢融化，以前提到父亲，她的内心满满的都是怨恨，但是现在，至少她能够接受父亲的关心了。

　　刚遇见心灵老师的时候，她正因一场与老师间的误会引发的矛盾而被勒令退学，心情跌至谷底，对周遭世界充满了防备与敌意，将一切错误归咎于他人。

　　在她看来，老师在发现她违反纪律的时候，太小题大做，反应过于严厉，对她的惩罚实属不公。因为老师的过度严苛在先，她才在冲动之下写下纸条辱骂老师，未曾想这纸条却意外地落入老师手中，进一步加剧了她的困境。面对学校的批评教育，她固执地拒绝写检讨，内心满是抗拒。但是现在，在心灵老师的带领下，她开始逐渐地反思自己的行为。虽然最终她没有能够回到原来的学校，但至少现在她能够更客观地去看待曾经发生的那件事情：在那个冲突和矛盾里，她也是负有一定责任的，不应该把所有的怨气都发泄在老师的身上。

现阶段，她的整体心理状态呈上升趋势，正稳步见好。到了新学校之后，在心灵老师的支持下，她也在快速地适应。然而最近风云再起，她在社交上出现了新问题。先是在宿舍和一个同学之间发生了矛盾，因为晚上她想好好休息，可这个同学晚上很爱大声说话，聊八卦、追星。在忍无可忍的情况下，她毫不客气地指责了这个同学"大嘴巴"（杨晶背后给她起的名字）。但"大嘴巴"本身性格泼辣，在班级中颇有"刺头儿"之名，对她的指责毫不示弱，联合其他同学欺负她"这个新来的"，宿舍里的战火迅速蔓延。由她和"大嘴巴"的矛盾发展到和几个同学之间的矛盾，在这场冲突中，她自己感觉到被孤立，被排挤。在她看来，这些矛盾之所以被放大，都是这些同学的错，因为这些同学对她缺乏应有的理解与包容。比如宿舍内有人高声交谈，当她提出需要休息时，这些同学却将矛头转向她，双方随即陷入争执之中。而到了白天，在教室的角落里，那些与她有过冲突的同学还会在背后对她评头论足，这让她再次深陷孤独之中，内心倍感煎熬。

殊不知，"君子和而不同，小人同而不和[1]"。真正的和谐并非完全一致，而是在差异中寻求共存之道，相互尊重，彼此包容。若能以此为鉴，或许能助她跳出自我视角的局限，以更加开放和包容的心态去面对并化解这些人际的纠葛。事实上，在现实生活中，大多数人在冲突中第一时间，都会想办法使用各种合理性的理由，去捍卫自己的正确性，审视他人的错

---

[1]　出自《论语·子路》，教育我们可以与周围保持和谐融洽的氛围，但对事情可以持有独立见解。

误。如果大家都第一时间去审视自己，那么这个世界会少了许多纷争，可惜，这世间空有许多知理的人，但却少有践行者。

　　心灵老师详细地了解了杨晶和那些同学之间发生矛盾的种种细节。随后温柔地询问："你如何看待自己？对自己满意吗？"面对这样的问题，杨晶恍然大悟，原来自己内心深处并不接纳自己，总是对自己充满苛责，认为自己外貌不出众，成绩也不拔尖，缺乏显著的优点。所以到了新的环境，她迫切渴望得到他人的快速认可，于是刻意在同学面前展现自己的幽默与风趣，甚至不惜自嘲，如"我这个人就是这么命苦，我这个人就是这么命贱"，以此博取他人的关注与好感，这样的行为却无意中埋下了让其他同学不尊重自己的种子。究其根源，这一切皆源于她内心深处的自卑感。在这种深层自卑之下，由于不接纳自己，她的内心充满了矛盾与冲突，这些内在的不和谐不仅消耗着她的能量，还引发了与外在世界的冲突。所以，要构建良好的人际关系，首要之务是实现内心的平和与自我接纳。

　　为此，心灵老师引导她去面对自己内心深处那个深藏的"内在小孩"：这个"内在小孩"曾经在一个不安全的、充满争吵的环境中长大，后来又失去了完整的家庭之爱，这些都让她感觉到自己内在的匮乏。她希望牢牢地抓住一些东西，证明自己存在的价值，让自己感觉到安全，企图以此构筑起一座安全的避风港。然而，"强弩之末，势不能穿鲁缟。"过度地紧握，反而让她对外界的变幻莫测更加敏感，每一次风吹草动都触动她的心弦，让她不安，让她在外在世界失控的海洋中漂泊不定。

　　在对"内在小孩"疗愈的过程中，她重新建立起内心深处对自我的接纳，与那个携带着优点与缺点的自己达成了深刻的和解。这种深度的和解将会创造一个更加平和的内在世界——内心的平和与自我接纳，自然而然地显化为一种温和的吸引力，在人际交往中绽放出独特的光芒。

除此之外，心灵老师还告诉她与同学更好地相处的一些小技能，比如要怎样说话，别人更容易接受；怎样做更容易交到朋友；怎样才能更好地保持和朋友之间"施与受"的平衡。心灵老师说，人与人之间要有爱，要有尊重，同时要有包容、真诚和接纳，在这样的基础上，真实地面对自己，真诚地面对他人。一个人最自然、最舒适的状态，往往最能触动人心，把自己最舒服的一面，自然地在人际交往中呈现出来，而不是为了某些期待或者讨好别人而刻意为之。刻意营造人设，虽能在短期内博人眼球，引发别人的关注，但是长期违背自己的意愿，就会遭遇自己内心深层的排斥和冲突。

杨晶听着，也领悟着，深深感觉到，在心灵老师的指引下，那些曾让她困扰不已的问题似乎都找到了打开的钥匙。她发现心灵老师并非直接让她硬碰硬地面对难题，而是以其敏锐的洞察力，深入问题之核，从根源处抽丝剥茧，引导她洞悉症结所在，然后再教她一些细小、巧妙的解决问题的技能。这种由内而外、循序渐进的方式，与她过往所经历的父母的大道理灌输、老师的直接说教截然不同，让她倍感受用。

她收获了很多在平时学习过程中接触不到的智慧。这也是她很喜欢到心灵空间来的一个重要原因。

这次来心灵空间，因为王淼抽不出时间，所以杨晶由爸爸陪着过来。从心灵空间出来，她跟爸爸说，"和我妈妈打个电话，就说今晚我先不回去吃饭了，到爷爷奶奶那里吃饭。"杨正先是一愣，反应过来之后，立马把电话给了杨晶，让她亲自跟妈妈说。

杨正曾经多次让女儿回家和爷爷奶奶一起吃饭，都被拒绝了，后来女儿干脆把他电话拉黑了，这次主动提出要回去，杨正既感到意外，又感到高兴。他知道今天的交流杨晶在思想上又有了新的突破。

道路两边，月季花正在鲜艳地盛开，杨正感到，这花儿真的很美，真的值得人们用心地呵护。

第三节　蜷缩的生命

康丽丽出差回来之后，得知赵天宇这两天又没去学校。本来又想向赵默发火，责怪赵默没有带好孩子，但转念间，回想起定慧山庄那次深度交流，她忍住了，选择了理性沟通，没有大发雷霆。在和孩子与赵默商量之后，他们决定一家人一起去找心灵老师聊一聊。

收到康丽丽一家的预约，心灵老师泡好了茶，等待着他们的到来。

随着敲门声的响起，康丽丽率先步入，她的身影中透露出大方与自信，同时也能感受到一股强势的能量，紧跟在她身后的是赵天宇，而赵默则静静地走在最后。乍一看上去，就像康丽丽带了两个孩子过来一样，而且赵默更显稚气，宛如家中幼子。看着每个人的表情状态，心灵老师也就明白了这个家庭的能量需要调整，需要平衡，未来才能够更加健康地发展。

进入心灵空间坐定之后，大家一边喝着茶，一边开始讲述孩子这段时间的问题。听完之后，心灵老师征求赵天宇的意见："孩子，你希望我们大家一起来聊一聊，还是老师和你单独交流一下？"孩子没有吭声，心灵老师又问了一遍，你想选择第一种方式还是第二种方式呢？这时，赵天宇以几乎只有自己才能听见的细微声音，轻轻吐出了"第二种"。心灵老师就让爸爸和妈妈在旁边的会客厅等候，单独留下了赵天宇。

这孩子性格明显内向，不像其他孩子一进来就会把自己的烦恼一股脑儿地倒出来。面对这种情况，心灵老师就非常耐心地用一个个问题，引导他逐步梳理思绪，深入思考。

"孩子，说说你最近一段时间的状态，在生活和学习中遇到了什么样的困惑？在老师这里任何的话都可以讲，这里就像一片大海，什么都可以包容，什么都可以接纳，不需要有任何的顾虑。"老师轻声的话音刚落，赵天宇原本紧绷的肩膀明显松缓下来，然而，他依旧低着头，未曾与老师的目光有过片刻交汇。

心灵老师依然温和、耐心地看着他，跟他讲，"孩子，每个人都会遇到问题，都会遇到困难，这是生活的常态。重要的是，我们要有勇气去面对它，那么就一定能够找到解决的方式和方法，老师肯定可以帮助到你，前提是老师需要更多地去了解你。"

赵天宇这个时候开始打开了话匣子："我最近这段时间感觉非常非常的紧张，放松不下来，怕放松了就赶不上学习，有非常强烈的焦虑情绪，这种焦虑如影随形，让我时刻处于紧绷状态。在学校看到别人学得很好，就很着急，担心自己学不好，这种压力让我在家时也难以静心学习。有的时候请假在家，自己也学不进去，面对上学充满了迷茫。"说到这里，赵天宇喝了一口心灵老师递过来的清香的茉莉花茶。茶香似乎为他带来了一丝慰藉，让他得以继续倾诉：

"进入高一，我进了重点班。但是第一次月考就考了倒数第一，这对我造成了严重的打击,让我信心崩塌。我不知道自己还能不能学好。我开始质疑自己的学习能力,陷入绝望,我不知道怎么办,我也尝试过去学校,但是没有办法,每次一走到学校门口,就感觉到胸口发闷,上不来气,就好像有一根绳子紧紧地勒着我的脖子,硬要往后拽一样,我感觉进不了校门。"

心灵老师静静地听着,对于这样一个内心承受了诸多压力与情绪的孩子而言,能够如此坦诚地表达自我,实属难得。紧接着,心灵老师用"卡迪蓝卡情绪评估卡[1]"去评估、显化他的状态,在结果中,果然能够看到,最近半年,赵天宇内心充斥着压抑、悲伤、忧愁、沮丧、焦虑、迷茫、绝望、委屈和孤独等情绪,这些情绪都在持续地影响着他。他感觉在学校没有人说话,希望能够交到朋友,但是又不愿意主动地走向人群。当处在人群中的时候,他又莫名地感觉到紧张和害怕。

在赵天宇缓缓梳理自己情感的过程中,心灵老师非常耐心、淡定、专心地陪伴着他。他的泪水不自觉地滑落,那是积压已久的情绪的释放。这种能量的流动也让他的负面情绪得到了一些缓解。

心灵老师了解到,他现在上课注意力没有办法集中,学习效率下降很多。在控制不住自己情绪的时候时常会崩溃、大哭。从心路历程来看,学业竞争环境确实对他造成了比较大的压力;从主观的角度来讲,他的心理适应性和承受力也是亟须提升的;从他的退缩状态以及面对外界挑战的懦弱上来讲,还是与家庭中男性能量的压抑有一定的关系,这些都是他心灵深处难以言说的痛。

---

[1] 是一种心理治疗中的辅助道具,一种中小学生心理健康成长辅助卡片,用于个体情绪状态显化评估等用途。由潘新凌提出并具有设计专利。

显然，赵天宇出现了厌学的情绪。实际上，孩子厌学本身不是心理问题，但厌学现象的背后很可能存在心理问题，如早年分离、亲子关系、家庭问题、网络成瘾及各种心理障碍等。从赵天宇的身上，亲子关系和家庭问题占主要因素。

从赵天宇比较有限的对家庭成员相处氛围的描述中，心灵老师依然能够感觉到，赵天宇并不喜欢现在的家庭氛围，但是他也没有办法去改变，同时他又承载着一种深深的自卑感，那是一种父亲蜷缩的状态在自己身上的投射。

心灵老师了解完之后，心里已经有了大致的方案，告诉赵天宇："我们可以一起去面对，老师会支持你做到情绪更加稳定，能够正常地上学，高效地学习。经由这一事件的发生，自我得到成长，完成心智的升级，以便未来在生活与学习的过程中可以面对更多的挑战，可以更好地完成学习任务。"赵天宇默默地点了点头。

"宝贝，下一次老师希望你，可以抬起头看一看老师，看一看老师的眼睛，哪怕只看一眼。"心灵老师在说最后一句话的时候，带着笑声，赵天宇低着头，但是在嘴角，也展现出来一丝微微的笑容。

交流完之后，心灵老师叫赵天宇的爸爸妈妈一起进来，说了后面的安排。同时也告诉康丽丽，在家长的陪伴方面，确实有一些方式需要改变，后面可以约合适的时间再进行交流。心灵老师温柔地给出建议，"今天可以带孩子回去，在户外散散步，运动一下，一家人回去做一餐美食，或者一起观看一场喜欢的电影，这些都是生活中可以调适孩子状态的一些方式。"

他们三人离去的背影渐渐消失在门后，心灵老师的思绪却如同被激活的水源，缓缓流淌开来。她不禁沉思，在这广袤的人海中，究竟还有多少家庭、多少孩子，正渴望着一个更加健康、适宜的成长环境，以及一个强有力的支持系统？遗憾的是，许多父母尚未意识到自我成长的重要性，这种认知的缺失，无形中让孩子们在成长的征途上孤立无援，不得不承受本可避免的艰辛与痛苦。很多父母不恰当的陪伴方式和理念，也会让更多的孩子在成长过程中陷入无助，承受一些不必要的痛苦。

好比赵天宇的父母，可能自始至终都不明白，孩子的厌学从何而来？表现如何？怎样发展为厌学状态的？

心灵老师的内心涌动着一股强烈的使命感，她开始在心中勾勒蓝图，思考着如何以更有效的方式，将那些先进的教育理念与成长智慧传递给更多的家长。她深知，唯有当家长们真正觉醒，开始重视并实践这些理念时，孩子们的成长之路才会更加宽广与光明。

思绪至此，心灵老师开始毫不犹豫地伏案记录。

第四节　厌学心理

实际上，孩子厌学是有多种表现的。轻度厌学主要表现为不喜欢学习，对学习有抵触，上课注意力不集中，课下不完成作业、抄作业或者应付作业等，总之，轻度厌学主要表现在思想上的抵触。如果出现上课不听讲、迟到甚至旷课等违纪现象，人际关系也会随之出现问题，发现孩子不再尊重师长、团结同学了，那就表明到了中度厌学状态了。此外，如果由思想和行动发展到了心理问题，就会对学习充满了恐惧，心理上十分自卑，不愿再回到学校，不敢面对老师和同学。这类学生往往会休学或者退学，那就发展成了重度厌学。

厌学，它既是个问题，也是个信号。

如果孩子厌学是因为家庭原因，如因父母关系、亲子关系、父母和自己长辈之间的关系导致孩子厌学，那就要从家庭的角度去帮助孩子。有的孩子厌学，反映了我们当下的教育理念和教育方法出了问题，特别是应试教育给孩子（当然也给老师们）造成了巨大的压力。孩子投入大量时间为了考试而学习，一方面会让孩子的考试能力比过去更强，另一方面孩子们也失去了更多应试知识之外的学习时间。从某种角度来讲，厌学是一个孩子的自我保护措施，因为如果硬撑下去的话可能会出更麻烦的事情。

同时，厌学也是一个契机，促使家长、老师、教育主管部门以及社会各方面，都能够更好地去反思：我们现在的一些教育方式到底出了哪些问题，孩子遇到了什么困难，我们怎么去帮助孩子。

所以我们说厌学的核心是社会和家庭对孩子的要求，与孩子自身想要追求的东西产生了冲突，最后导致不可调和的矛盾，孩子只能通过不上学的方式来暂时回避这个冲突。当孩子出现厌学情绪，作为家长要积极探寻原因，寻求对策。

学习本身也会引发厌学情绪的出现，比如孩子因为学习技能的问题导致"不会学"，这一类学生从学习时间上来说，付出完全不输于班级里面的第一二名。然而无尽的学习压力却压得他们抬不起头来，周围的学霸轻轻松松考到班上乃至年级前几名，自己累死累活，结果仍然一团糟。

这种类型学生是典型的"低品质勤奋者"，他们的勤奋是表演出来的，给别人看也给自己看，也许是为了老师和家长那句"你真努力"的表扬，也许是为了让自己回顾一天的时候不觉得后悔,成绩不好的时候安慰自己"不是因为我不努力,只是脑子太笨"。

但这样的孩子也是最容易在短时间内完成向好学生转变的一类学生,因为他们欠缺的仅仅是一个优秀的学习方法和一段时间安安心心地将自己之前刻苦学习到的东西管理归类的过程。

这个时候,告诉孩子:首先,对自己喊停。

在你觉得太忙或者太盲目的时候,不如停下来,会使自己更清醒,少做"无用功"。

其次,对基础知识做深度思考,跟紧老师的复习计划,把课本基础知识掌握好,把基础的题目弄懂弄透,能把课堂吃透就能成为课堂之王、效率之王。事实证明,动脑子把基础知识想清楚、想透彻,比囫囵吞枣地学很多知识要好得多。

此外,要寻找适合自己的方法,构建属于自己的知识构架。可以通过建立错题本的方式,每次考试后主动进行试卷分析,剖析每道题的失分点,即便是考了满分,也要认真总结经验。从别人的长处中虚心吸取经验,帮助自己更好地进步。

如果孩子是由于认知能力低导致的"学不会",这类学生与之前所谓不会学的学生,可以在某种程度上采取相同的手段,因为"学不会"是"不会学"的结果,"不会学"是"学不会"的原因。

当孩子在不会学的道路上越走越远,精神疲惫而又亢奋,他已经从"不会学"过渡到了"学不会"。"学不会"的根源是认知能力差。研究表明,从七年级到九年级,孩子们的认知能力并不是均等化的提升,认知能力高的孩子在这个阶段比认知能力弱的孩子表现明显突出。

认知能力包括观察力、记忆力、想象力、注意力。

父母的关系、家庭氛围、小时候所处的环境都会影响孩子认知能力的提升。"学不会"的孩子在简单休整、改善学习方法之后，很快就能投入到紧张的学习氛围中。

受认知水平所限，"不会学"的孩子则需要抽出一点时间，放松一下身心，彻底调整好状态，循序渐进。

当孩子是因为目标不明确导致自己不明白"学习为了什么"时，就会充斥着迷茫，随着进入初中，进入高中，孩子对这个问题的困惑会越来越重，对找到答案的欲望会越来越迫切。当找不到意义，又厌烦只为考试这样单一的目标时孩子就会失去对学习的热情，产生厌学情绪。

正确的目标设定，是先决定要过什么样的一生，之后再去选取能够让你达成这个目标的工具。比如说你的人生目标是希望做一个快乐而且有贡献的人，明确这个终极目标后，再来选取你的工具。家长有必要就这个问题跟孩子交流探讨一下，帮助孩子明确目标，帮助其进行自我定位，给他看得见的未来和自己赋予意义的未来，重新唤起学习动力。

除此之外，还有家庭的因素。家长对孩子期望值过高，对孩子评价方式单一，只重视结果，不重视过程，让孩子承受很大压力，觉得自己是在为家长学习，如果几次成绩达不到理想的结果，就会受到训斥，产生挫败感，最终产生厌学。在这种情况下，要根据孩子的现状以及孩子对自己的期待，降低对孩子的期望值。家长要看到孩子在各方面的表现与优势，而不是用单一学习成绩的维度评价孩子。

从进入小学起，孩子成长的比拼正式拉开大幕，起跑线之争让父母们不得不尽责尽力：每晚盯着孩子的功课，对开小差、写错字、算错题这些行为立即纠错指正；布置额外的课外练习，严格控制孩子玩的时间；对各种课外辅导班格外热衷，和学习相关的道理经常灌输；只要孩子的行为不在家长期待的框框之内，家长就会感到极其焦虑，这种焦虑的情绪进而会转嫁在孩子身上，以言语或者肢体等暴力方式呈现，导致孩子对抗，厌烦家长的行为，进而讨厌触发家长焦虑的焦点——学习。

因此，家长要放平心态，对孩子的学习不要过度关注与管控。无论是孩子的学习诱发的，还是在外面因工作、人际引发的焦虑情绪，在和孩子交流时都要做好处理。

家庭氛围对孩子的心情与人格发展的稳定性会产生很大的影响。家庭中父母之间的关系不和谐，争吵不断，对孩子的心情会产生很大的影响，会让孩子很有压力，孩子到学校之后也无法安心学习，或者家庭关系破裂的离异家庭都会让孩子的情绪受到伤害而出现厌学情绪。

父母要营造好轻松快乐的家庭氛围，家庭关系是一个整体，任何双方的关系比较紧张，都会对身在其中的每一个成员造成压力。因此，父母对孩子的教育不能只盯在成绩上，而是要为孩子创造一个和谐的成长环境。

孩子出现厌学有时候和老师有很大关系，尤其是初一、高一阶段，很多学生，尤其以往是老师看重的学生，在新老师接手后可能会感觉被冷落，变得不喜欢老师，继而发展到不喜欢学习。因为这一阶段，师生熟悉有一个过程，而且是一个较长的过程。

有的老师，以学习成绩作为唯一标准来评价学生，也会导致一些成绩不是很优秀的学生出现厌学。

随着年龄的增长，孩子越来越在意同伴关系，以及自己在同伴中的评价；当有些孩子社交技能不足，就会导致交不到朋友或者同学之间有矛盾不知道怎么处理……

当孩子不能很好地处理同学关系，融入同伴中，就会导致孩子不想去上学，从而导致厌学情绪的产生。无论是与老师的关系还是与同学的关系都会影响孩子对学校、对班级这个组织的归属感降低或者消失，继而影响到最重要的——在这里发生的学习活动。

此外，现在的手机使用越来越普遍，因此孩子们很容易接触到各样的电子游戏、网络小说等娱乐活动。孩子们的自控能力有限，认知有限，不能很好地节制，很容易上瘾。一旦有网瘾，孩子会对其他事情的兴致骤然下降。

有的孩子因为去学校不能带手机甚至不愿意去学校，有的孩子带手机在学校被发现、被警告但还是会屡禁不止，这样的状况下厌学情绪的产生就是必然的。

中小学时期也是孩子们心理问题多发的萌芽时期。如焦虑症、抑郁症、社交恐惧症等问题多发，这些问题都会导致孩子的情绪波动性大、失控等状态；反复持续发作会破坏孩子的注意力、观察力、记忆力等，所以很多孩子有其他心理问题发生时，即便想学，坐下来也学不进去，学不进去就会导致成绩下降、学习没信心进而产生厌学情绪。

对于网瘾与心理问题引发的厌学情绪，除了家长需要作出相应的调整外，还需要及时寻求专业的心理干预，让孩子尽快摆脱困境。

有的学校管理太过严苛，比如不能在班级上说话，连课间也不可以，哪怕商量学习都不行，比如吃饭只有15分钟的时间，比如走路不能并排……

这些规定把一个活生生的孩子硬是当成了一个机器人在管理。

曾经有一个孩子说：有一次在上课的时候，听到窗户外边有人经过，就偏了一下头，看了一下，虽然很快就转回头来，但还是被老师看到了，下来就给了她两耳光……

她顿时就蒙了，后来的一段时间只要一到学校就头晕、紧张，总是害怕自己哪里出差错，会被逮到扣分，会被批评，会被老师打，这样恍惚了一段时间之后，就彻底不想去学校了，她觉得学校像一所监狱……

在此也呼吁学校管理者可以结合孩子们的成长特点、教育的初衷、管理的目的出发，出具相对合理的管理执行细节，而不要真的把学校变为孩子们眼中的"囚笼"和"牢狱"。

……

第六章　躁动的心

人的烦恼似乎接连不断，无穷无尽。

梁小芬就是这样的感觉，最近的这些年，虽然她在物质生活上没有任何缺憾，但是在生活中的烦恼又有几个人能知道呢？在数不清的深夜，辗转难眠；在众人艳羡的全职太太的角色中，暗自落寞。

转机往往潜藏于最深的绝望之中，她与高志远之间那场深刻的情感对话——关于三角关系的剖析与梳理，让她的心境得以些许的舒展与释然。

她时常在想，自己年轻的时候，曾为寻觅一位理想伴侣而心生烦恼，后来邂逅了高志远，她本来认为幸福生活从此开始，可是在事业奋斗的过程中，各种新的挑战接踵而至，他们又开始为事业的种种挑战而忙碌，为事业定下的一个个目标的实现而苦恼。

等事业上升一点，稳定一点，她又开始因为高志远的心飘忽不定而烦恼。似乎烦恼从来都没有离开过。到底有什么样的方法可以终止这无尽的烦恼呢？梁小芬今天又碰到了新的烦恼。

今天是高梁飞的家长会，这个家长会，梁小芬开得可真是灰头土脸。对于梁小芬而言，这无疑是一场难堪的经历。高梁飞，不仅仅学习成绩倒数，而且在家长会结束之后，班主任特意将她留下，详尽地描述了高梁飞近期的一系列不良表现：他无视课堂纪律，频繁穿梭于各个班级之间，扰乱教学秩序；涉足早恋，在校园内的不当行为更是被校领导逮个正着，一周内被发现两次。甚至，最近他还卷入了一场校园内的聚众事件，虽幸得及时发现并被制止，未酿成实际冲突，但此次事件的导火索正是源于高梁飞与其他同学之间的尖锐矛盾。这一系列问题，如同重石般压在梁小芬的心头，让她倍感焦虑。

鉴于上述种种严重问题，高梁飞被校方责令回家进行为期一周的深刻反省。家长会结束后，梁小芬心里沉甸甸的，以前她也经常收到学校发出的高梁飞的各种违纪反馈，如不写作业、抄作业、上课睡觉等，但此次问题的集中爆发，无论是数量上还是性质上，都远超前例。她毫不犹豫地拨通了高志远的电话，语气中带着不容置疑的坚决："你这两天务必抽空回家一趟，我们需要找个时间，坐下来好好和孩子谈一谈。"

高志远在电话中大致了解了高梁飞在学校的情况，本来刚结束的谈判会议进展就不太顺利，因此有些烦躁，此刻听完梁小芬的描述更是怒火中烧。他愤怒地将手中的资料重重地摔在桌上，嘴里不禁咒骂着，这个"混蛋小子"。转而，他又立马冷静下来，是啊，有多少时间没有跟孩子好好聊过天了？有多少时间没有仔细、认真地了解孩子在学校的各项表现了？在带着愧疚感的思量中，高志远的怒火慢慢地平息下来……

第六章 躁动的心

第一节 叛逆到底

家长会结束后,梁小芬和高粱飞一同返回家中。一到家高粱飞径直回到了自己的房间,打开电脑便未再出门。梁小芬心里明白,他又沉迷于游戏中了。关于这个问题,他们争吵过很多次。却未见任何改善,反而发觉他越发沉溺于游戏世界。

由于高志远经常不在家,梁小芬对自己有一种怜悯之心,也对高粱飞抱有同样的情感,觉得他缺少了父爱。因此,在双方争执不下的时候,梁小芬每每会选择妥协。但是她也发现,不断地让步从长远来看,对高粱飞来说的确不是一件好事情。因为她发现高粱飞从小学四年级至今已步入初一,对游戏的痴迷程度非但没有减轻,反而日益加重。他将大部分课余时间都投入到了游戏中。

梁小芬凝视着墙上的时钟,在等着高志远回来。一直到晚上九点多钟,他回来了,这个时间对他来说已算提早。他望向坐在沙发上的梁小芬问道:"儿子呢?"梁小芬轻轻向楼上指了指。高志远接着问:"还在玩游戏吗?"梁小芬没有言语,只是默默地点了点头。

真可谓是"青春期的孩子把家长逼到死角!"

高志远上楼敲了好长时间的门,终于有了反应,他听到里面传来高粱飞带着几分不情愿和慵懒的声音:"干吗呀?""先出来一下,爸爸有话跟你说。"又是一阵窸窸窣窣的声响,过了整整一刻钟,房门才缓缓打开。

蜕变，从心开始

这一次，高志远展现出了前所未有的耐心。

高梁飞从房间里走出来，眼睛红红的，显然是长时间盯着电脑屏幕导致的疲惫所致。"走吧，下楼，妈妈在楼下等着我们。"

面对高志远，高梁飞其实在内心里面是敬佩的。他觉得爸爸从一无所有到创立企业，给家庭带来了很多的财富，在他心里，是以爸爸为骄傲的。因为这种崇敬，高志远在他面前还是有一些威严存在的。但同时，高梁飞也隐隐地感觉到，这些年，爸爸和妈妈之间，爸爸与家庭之间的关系都显得不那么正常。

有的时候高梁飞心里会想："我有爸爸吗？"但是有的时候他又会自己说服自己，爸爸确实太忙了，所以没有时间照顾自己和妈妈，没有精力顾及家庭。因此，他并不责怪爸爸。这种复杂的情感，经常在他心中反复纠结。今天被学校要求回家反思，高梁飞心里还是有些害怕面对爸爸的。尽管他现在表面上是一副破罐子破摔、无所谓的样子，但内心深处并不希望爸爸对他彻底失望。

到了楼下后，高梁飞在茶几的一端坐下来，和妈妈的位置保持着一定的距离，高志远则面对着梁小芬，侧身对着高梁飞落了座。他开口问道："说说吧，最近怎么回事儿？学校的处罚，我听说了。"高梁飞没有说话，也没有看爸爸妈妈，只是低头拨弄着手机。

"每天去学校不是学习的吗，你到底在学校干什么？你知不知道，这样做令我很失望。"

高志远有点火了，声音高了一点。"说说吧，错已经犯下了，但总得有个态度吧？"说着起身，迅速而有力地夺过高梁飞手中的手机，扔在身边的沙发上。

高粱飞终于开口了,"是啊没错,就是这样,我就是不想学习,我本来就不爱学习。要不是因为我今天犯错了,你能回来这么早吗?要不是因为我犯错了,你会来关注我吗?谁知道你的心思天天都用到哪儿了?"

这句话似乎戳中了高志远的伤疤,他不想让梁小芬再去纠结这些年情感中的恩恩怨怨。这一次,他没忍住,站起身,给了高粱飞一记耳光,"怎么跟爸爸说话呢?"梁小芬迅速起身也没来得及拦住他,她心里明白,高志远这一巴掌下去,高粱飞的怒火肯定会彻底爆发。

果然,高粱飞"噌"地一下站起来:"我小时候被人欺负的时候,你在哪里?那时候,我被欺负了整整四年,被打、被骂,还被逼着帮别人抄作业,你在哪里?我偷偷地哭,却不敢告诉妈妈,因为我觉得她一个女人,未必能处理这些事儿。我想跟你说,可我能找到你吗?"

高粱飞那双因盯着电脑太久而泛出血丝的眼睛,此刻更红了,咆哮的声音中更是带着无尽的愤怒与委屈:"从小到大,我过了那么多生日,你陪我庆祝过几次?除夕之夜,你又陪我度过几回?你总是那么忙,永远都那么忙。当我一个人默默哭泣的时候,你在哪里?我承认,我是没出息,我讨厌学习,但凡你们想让我做的,我全都反对;凡是你们希望我做的,我都反着来。我是谈恋爱了,小Q至少比你们对我好。她能理解我,知道我心里难受,她能关心我,能陪着我。而你呢,你愿意多给我一丁点儿时间吗?我就是要和她在一起。如果不是因为她在学校,我连学校都不会去,我宁愿不上学,宁愿去流浪。我是想玩儿游戏,游戏里那些人至少没有现实中的人那么坏。至少我在游戏中,还能找到一丝自尊,我还能找到我的骄傲!

"我现在受处罚了,你们感觉没面子了,才想起来管教我了?要不是因为我妈妈，要不是因为小Q，我宁愿不要活在这个世界！"

说完这番话，高梁飞没给梁小芬和高志远任何回应的机会，径直上楼，反锁了房门。他们二人再怎么呼叫，门也没有再开。本来高志远想强行把门撬开，但是被梁小芬制止了，她不想让矛盾进一步升级，她觉得，孩子应该有一个情绪的出口，今天晚上的发泄未必是件坏事。

这一场交流不欢而散，而路，还要向前走，烦恼，还在延续。

高志远点着了一支烟，那种因懊悔而引发的内心刺痛的感觉又上来了。

梁小芬走到高梁飞的卧室门口，隔着门对他说："小飞，不管发生什么，我和爸爸都会一直陪着你前行。你早点休息，游戏不要玩太久。"梁小芬听到里边有哐当哐当的声音，尽管孩子没有应答，但至少用这种声响，让梁小芬的心放松下来了。

因为近来网络上频繁报道孩子们因叛逆而与家长对抗，甚至作出伤害自己的行为，这让梁小芬不禁感到一丝担忧。听到声响后，她稍微安心了些，又叮嘱高梁飞："小飞，有些问题我们迟早要面对。妈妈去休息了，晚安。"

生理的变化让青春期孩子面临着难以言喻的不适，他们时常觉得躁动、不安、压抑、冲动。高梁飞爆发的问题，与青春期的变化也密不可分。

这个年龄，随着思想逐渐成熟，他们拥有独立思考能力，所以内心强烈抗拒父母的耳提面命、事事监督，渴望自由和独立。

于是会出现顶嘴、脾气暴躁，甚至表现出粗鲁无礼等叛逆行为，以此来跟父母针锋相对，宣示主权。高梁飞的"摔门""情绪崩溃"与"发泄"

无一不体现了这个问题。当父母对青春期的孩子陪伴不及时或不当时，孩子们会故意用破坏性的方式发泄自己的力量和不满，甚至做出自残、轻生等不可挽回的行为。

这时父母被激怒，权威受到挑战，尊严受到威胁，很有可能让亲子之间的"战争"拉开帷幕。

然而在这愈演愈烈的战争中，没有赢家。

有很多父母表示，孩子硬的不吃，软的不应，一腔对孩子的爱都化作孩子的冷漠、横眉相向、视若不见，或遭到强烈对抗，或沟通完全关闭，或用不上学、谈恋爱等方式宣誓抗争的胜利，甚至以死相逼，最终把父母逼到墙角，动弹不得。

父母在这个时候什么都做不了，于是大呼：

做父母真不容易，如此卑微，养孩子怎么就养成了白眼狼？

而孩子们大吐苦水：

我的父母从来都不理解我，从来没真正地关心我，从来不知道我到底想要什么，除了让我学习，就是要成绩……

他们生我的时候为什么不经过我同意？

他们一句"我第一次做父母，也不知道怎么做"，我就要原谅他们吗？

他们什么都不管我，就是我期待的最好状态……

如果我能选择，一定不做他们的孩子……

我死了，他们肯定最开心……

也许，今夜的高粱飞，也挣扎在这样的思绪中。

这一夜，高粱飞在床上泪流满面，而梁小芬与高志远在床上辗转反

蜕变，从心开始

侧，难以入眠。

生活就是这样，无论这一夜有多么的难熬与痛苦，但总会过去。

面对青春期疾风骤雨般变化的孩子，家长们如何沟通，才能化干戈为玉帛，支持孩子更好地度过青春期？

纪伯伦[1]在诗歌《你的孩子其实不是你的孩子》中这样写道：

"你的孩子，其实不是你的孩子

他们是生命对于自身渴望而诞生的孩子

他们通过你来到这世界，却非因你而来

他们在你身边，却并不属于你

你可以给予他们的是你的爱，却不是你的想法

因为他们自己有自己的思想"

与孩子沟通的前提是要认识到孩子的独立性，站在孩子角度理解他，以平等的身份尊重他。

他（她）是你的孩子，也是一个独立的个体，不是父母的附属物。

虽然在成长的过程中需要父母的各种照顾，但依然值得父母平等对待以尊重。

孩子自我意识的发展，与小时候的心理要求出现变化，以前很愿意爸爸妈妈事无巨细地安排好一切，但是随着进入青春期，父母过多的嘱托就会成为孩子的负担，成为孩子烦躁的起源。太多的叮嘱让孩子感到压抑，他们会认为父母管得太多，还把自己当小孩子看。这时候就很容易出现对父母不耐烦，甚至出言不逊的现象。因此父母在这个时期最好的方式是闭

---

[1] 纪伯伦·哈利勒·纪伯伦（Gibran Kahlil Gibran，1883年1月6日—1931年4月10日）是黎巴嫩裔美国诗人、作家、画家。

嘴，或少说，尤其是不要重复地说。

青春期的孩子开始有自己的主张，对父母不再言听计从，昔日那个乖宝宝发生的变化，让很多父母也无法适应。为了维护权威，很多家长会采取打压、禁止，甚至配合上言语、肢体暴力来达到控制孩子的目的，让孩子按照父母的意图做事，希望孩子重新回到乖宝宝的状态。恰恰这种方式，会适得其反，会引发孩子强烈的反抗、怨恨，更让家长不知所措。孩子们反对父母讲大道理来教训自己，这是因为：对于父母讲的大道理，他们其实都知道，但感觉跟自己无关；还有的父母用自己的经历试图说服孩子好好奋斗，孩子会认为家长是在卖惨，把这个过程讲得悲凄凄、感动自己，但孩子却无感。因此说教也会引发孩子极大的反感。

所以家长要从孩子内心入手，对孩子来说更接地气。每个人的天性都需要有对生活的选择权和掌控感，而前提是"我"的决定被看见。

<u>"我"选择、"我"做主，才是自我存在的一种印证。孩子在青春期渴望对自己的掌控感，那就需要家长放权。</u>当家长与孩子之间一番斗争之后无可奈何时，家长又会沮丧地选择放任不管。如果完全放任不管，当孩子作出了最糟糕的选项，远超父母心理接受底线时，父母放权后又反对，那么就会迎来更激烈的冲突。

所以，<u>放权并不是放任不管，应该是"有选择地放权，有选择地约束"</u>。父母给出的有限选择，首先应该是在父母能接受的范围内。同时，有限的选择代表一定的信任，所带来的效果也会更积极。有了被弃选项的衬托，孩子们会对自己作出的选择更加满意。

孩子在青春期独立性和依赖性的矛盾相依，渴望独立，但同时他们思想尚未成熟，社会经验匮乏，经济和生活方面都还需要在很大程度上依赖父母，心理上的脆弱和无助更让他们盼望得到父母的关怀。所以父母要看到孩子已经在成长的事实，要接受孩子的成长，体面后退。在解决问题时不再一马当先冲在前面，而是可以跟孩子讲：这件事情你可以尝试处理，爸爸妈妈会在旁边支持你。这样的应对至少使孩子获得了承担责任，展示自己，以及成长独立性的机会。

在遇到和孩子相关的事情以及家庭的成员相关的大事时，征询孩子意见，看法，营造民主的家庭沟通氛围。当决策中有孩子的意见体现时，在随后的行动中，孩子的执行力会更强。

当孩子遇到问题时，有很多时候是孩子的感受出现了变化，情感受到伤害，这时在和父母的交流中首先要做的是被理解，被同理。青春期的孩子已经有了相当强的思考问题的能力，因此父母不要急着去跟孩子做建议，而是理解孩子，感受孩子的心情，少做建议。那么孩子会认为父母很值得信任，会更愿意跟父母交流。

当孩子的心情平稳下来，思路自然清晰，再在父母的引导下会更容易想到解决问题的方式。对于孩子的能力，以及孩子所做的选择一定要选择坚定的信任，哪怕一时做得不够完美，也一定坚信孩子会有变化，会朝着共同期待的方向前进。

每个孩子都不喜欢与其他人比较，尤其是进入青春期，很讨厌当自己做得不够好时，父母用怀疑的口吻刺激自己，同时拿其他人来和自己作比较。做到坚定信任，彼此间的沟通一定会少很多摩擦。

高志远夫妇与高梁飞之间的和谐沟通模式的建立还需要一段相当长的时间去磨合。

第二节　湮灭的边缘

在定慧山庄见到心灵老师的时候，方雨琪就想好好地跟心灵老师聊一聊，解决一下自己内心的困惑。而这次回到家之后，和妈妈之间发生的强烈冲突，又让她进一步有了这种强烈的想法。但是她没有选择跟妈妈讲，而是选择跟周叔叔吐露了心声。这也是让她感觉到悲哀的地方，自己的心里话反而不能跟自己亲生的母亲讲。因为她认为母亲很难理解她，如果直接跟母亲讲非但不能得到支持还会招来一场大战。

他跟周叔叔讲了之后，周叔叔非常支持她，并迅速帮她预约了与心灵老师的会面时间。在周叔叔的陪同下，方雨琪见到了心灵老师，而这一切都没有让妈妈知晓。

单独和心灵老师面对面交流，方雨琪心中仍有一丝戒备。在一个各种关系冲突不断的环境里长大，让她对周围的防备心理多了一层。在面对任何人的时候，她都给自己筑有厚厚的防护盔甲，这是在保护自己，不想被别人伤害到。所以，尽管她内心很痛苦，但还是没有办法选择非常敞开地、淋漓尽致地去表达自己。心灵老师敏锐地察觉到了这一点，看到了这个外表看似骄傲、高冷的孩子，内心其实极为脆弱，且极度渴望温暖。

心灵老师温和地问道：能先谈谈你目前的状态吗？为什么想要跟老师见面？希望老师能够帮你解决什么样的问题？

方雨琪回答道："我感觉现在自己很危险。因为我脑海中频繁涌现出想要杀死自己或身边人的强烈念头。尽管以前也有过这种念头，但通常都是在发生冲突、情绪激动时一闪而过的冲动念头。但是最近我发现这种念头越来越强烈，几乎随时随地都会出现在我的脑海中，我真的很担心，不知道什么时候，我就会被这样的念头湮没，就会作出这样的行为。

"我甚至想了很多种结束自己生命的方式，但其中一些方法让我感到恐惧，我害怕疼痛，所以我最近收集了很多的资料，试图找到一种能让我更快且相对无痛苦地结束生命的方法。我厌恶自己，也厌恶家中的每一个人。"

在讲述这些时，方雨琪还是能够控制自己的情感，非常理性地去表达自己的。

心灵老师关切地问："最近有发生什么样的事情诱发你的这种感受吗？"

方雨琪皱了皱眉头，说道："似乎从我记事起，我的生活就如同置身于地狱一般。我小学的时候就开始有自杀的念头，上初中开始有自残的行为，随着年龄的增长，学习压力的与日俱增，再加上每次回到家里边我都感受不到丝毫的快乐与温暖。我所感受到的，只有各种家庭关系之间无尽的冲突和矛盾。时至今日，这种念头已经强烈到让我难以自控。在我的家庭中，我最怨恨的便是我的母亲。

"在我的眼里，妈妈仿佛永远是个长不大的孩子，总是那么的自私，那么的不可理喻，那么的自以为是。总是用她自己的方式，去绑架他人、束缚他人。当我们发生冲突的时候，她甚至会以死相逼。每次看到这种情景，我都会忍不住想，如果她不在了，所有的烦恼和痛苦是否也会随之消散了。"

说到这里，心灵老师注意到方雨琪的眼中已泛起泪光。渐渐地，孩子

第六章 躁动的心

实在绷不住了，放声大哭，一边痛哭，一边说："我不知道，我真的不知道，她为什么那么对我，如果我死了，这个家或许会更好一些，为什么我会遇到这样的妈妈，她似乎每天都活在紧张和焦虑中，她似乎每天都眉头紧锁，从未有过真正的快乐。

"每当我踏入家门的那一刻，心中便不由自主地升起一股厌烦的感觉，那张熟悉的、总是阴云密布的脸庞，曾无数次成为我童年阴霾的源头。从小到大，她不知道打过我多少次。现在我长大了，她打不过我了，才终于停手。每次跟她一起逛街，因为一点小事儿她经常会与陌生人大吵大闹，站在她旁边，看着她无理取闹、撒泼的样子，真的感觉很丢人。为什么我有一个这么不成熟的妈妈？现在不打我了，每次吵架时，她又哭哭啼啼的，好像她受了多大的委屈似的，我实在受不了她这个样子！

"有的同学认为去学校很痛苦很难受，而我认为回到家更难受。虽然在学校有学习压力，但是至少能够让我找到一个暂时逃避、暂时安全的地方，反而在家里我总是不知道怎么度过。家庭里唯一能够给我安慰的就是手机，成了我逃避现实的唯一途径，所以一到家我就会拼命地打游戏，企图在虚拟的时空里，忘却内心的伤痛与苦楚……"

方雨琪一边哭泣一边向心灵老师倾诉着这些年积压在心底的委屈、愤怒与怨恨，这是她第一次向人坦露心声。以前她还从没有跟其他人讲过，今天向心灵老师和盘托出，心灵老师感受到孩子逐渐放下了心中的戒备，能够更加敞开自己了。在老师看来，这次心灵的释放，对方雨琪而言，无疑是一次深刻的疗愈。

心灵老师鼓励她："宝贝儿，你愿意对老师讲出这么多的真心话，你愿意选择信任老师，你愿意去面对现在最困惑你的问题，那么老师就一定能够帮助到你。你放心，老师会从你的叙述中，去找到根源在哪里。我们从这些地方入手，一方面去清理你成长中所积压起来的负面情绪，疗愈成长过程中所经历的那些创伤，同时我们要提升自己的能力，增强自己的力量。要从我们所经历的事情中找到自己的局限，这是我们自己需要突破的地方。你今天回去好好休息一下，老师会认真思考一下你的叙述，我们要制订出一个精准的方案。请相信，只要你愿意解决，事情就绝不会走向你所担忧的境地。"

方雨琪从心灵空间出来后，她感到前所未有的轻松，似乎在她的前进之路上终于可以有所依，有所信任了。

步出楼门，她惊喜地发现周叔叔还在耐心等候，心里也不禁泛起一丝温暖，她感觉到了自己的变化，哪怕是如此的细微，她还是感觉到了……

第三节　亡羊补牢

高粱飞在家反思的这一周，让梁小芬和高志远无比的痛苦。自从那晚发生冲突之后，他就把自己关在房间里，什么样的方法都用了，还是不愿走出来和爸妈面对面交流。后来找人把门锁破坏掉，但也无法撼动他心中的壁垒，依然无法把他拉出房间。尽管他们知道高粱飞夜里会自己出来拿东西吃，可还是担心这样下去孩子的身心健康会受到很大的影响。

两个人在不得已之下，向心灵老师求助，约了线上会议。他们把这几天高粱飞的表现都详细地描述了一下。心灵老师耐心倾听，并深入询问了两人以往的相处模式及家庭氛围。

面对心灵老师的询问,高志远没有丝毫隐瞒,一五一十地把家庭情况都讲给了心灵老师,包括这些年对孩子陪伴的缺失。梁小芬也讲到了,这些年因为和高志远的关系,自己情绪状态不太好,很容易在孩子面前表现出抱怨消极的情绪,尽管自己心情不好的时候会选择避开高梁飞,但有时候难以掩饰的不悦,仍旧免不了被高梁飞捕捉到而受到负面的影响。

心灵老师听完之后,基本上已经明白他们之间发生了什么样的事情,也明了他们家庭所面临的困境。心灵老师告诉他们,"亡羊补牢,为时未晚,只要能够意识到家庭里的问题,那么所有的一切都有补救的机会。孩子在这个过程中,缺少父爱,生活在关系形同虚设的家庭中,母亲又心力交瘁,怎么可能得到良好的陪伴呢?"

心灵老师接着说道,"看到孩子所有的叛逆行为,有没有考虑到其背后的成因?在孩子那么小的年龄,长时间受人欺负,但是得不到有效的解决,又得不到家庭里应有的支持,所以沉溺于游戏,沉溺于谈恋爱,能够从这里边获得短暂的快乐和安慰。而那些看似刺眼的行为,实则是他不断寻求存在感的表现,这也从侧面反映出他极低的价值感。这一切的背后,都深深烙印着家庭关系不和谐的痕迹。"心灵老师加重了语调,"所以从现在开始,你们真的要尝试去修复和孩子的关系,尽可能地和他建立起有序的沟通渠道。如果现在孩子还不能面对面和你们沟通,也可以尝试采用写信的方式,或者在微信上留言的方式,把自己想说的话非常真诚地表达给他。也要表达出一种意愿,想要跟他之间好好地聊一下,当孩子能够选择直面父母的时候,那么很多问题就会得到解决。当然,在这个过程中,父母一定要保持足够的耐心,以及对孩子的尊重。他的内心肯定有很多的不满、抱怨,因此在交流的过程中难免会有冲撞。在这种时候,父母尤其不要重蹈覆辙'暴跳如雷'，要知道他之所以成为今天的他，父母要承担很大的一部分责任，所以一定要保持冷静和淡定，允许他在某些时候能够充分宣泄他的情绪。

"在修复家庭关系的初级阶段，至关重要的一环在于，让孩子感受到与父母的对话中不存在指责、抱怨与威胁的阴影，他才能体会到交流的安全感，他才会愿意逐渐向父母敞开心扉。除此之外，你们两个之间也要调和关系。如果已经决定，这个婚姻还要继续维系，两个人还要在一起，那就要想办法找回曾经的恩爱，能够对彼此付出真心、爱与尊重。当父母之间爱的能量开始流动的时候，孩子自然也会感觉到安全，因为他能够感觉到他所生活的环境开始有了爱的流动。

"在关系修复的关键时期，要多多了解孩子的内心，多观察他的行为表现。尝试着能够换位思考，理解其行为背后的动机与情感需求，这样才能逐渐走进孩子的内心。唯有真正走进孩子的内心，我们才能更有效地施加积极影响，引导孩子健康成长。"

……

高志远听着，不禁感觉到当好父母真的是一门学问。他在商海驰骋，天赋异禀，然而在如何扮演一位好父亲的角色上，却自觉颇为失败。

第四节 关于"父母"的思考

近期，通过与这些孩子的密切接触以及与他们家庭的深入交流，心灵老师越发坚定自己的认知：父母的成长对孩子教育太重要了！她怀揣着帮助更多家长、引领更多家庭走出关系困境的热忱愿望，撰写了一篇题为《走近孩子：感受孩子内心的喜悦与悲伤》的文章。在这篇文章中，她深情地阐述了要真正贴近孩子，就必须深入理解他们行为背后所隐藏的快乐与悲伤，用心去体会孩子的内心世界。

走近孩子：感受孩子内心的喜悦与悲伤

在我对中小学生群体进行专业心理干预和诊疗时，接触到很多的家长。不同的家庭遇到的问题各有不同，但是越来越多的家长都发现孩子这样一个共性的问题：

"我明显地感到孩子不愿意和我聊天，交流起来很困难。"

"孩子一回到家，就把自己关在房间里，做自己的事儿。我们说多了，孩子还会觉得烦。"

孩子回避交流，这个问题让不少家长感到十分苦恼。

很多父母在养育孩子时，"看不见"孩子真实的存在。很多父母教育孩子，活在自己的想象中，不愿意接受真实的孩子，只想接受他们认为孩子应该成为的那个样子。一旦发现真实的孩子跟自己想象中的不一样，就会感到十分焦虑。为了减轻焦虑，父母按照自己的想法不惜一切代价也要把孩子"修剪"成自己想象中的样子。

可是到最后会发现，孩子即便变成了父母期待的样子，也只是一个标准化产品，他并不快乐，找不到自我价值。

很多时候，孩子根本不需要父母所谓"为了你"的牺牲，而是需要父母"我懂你"的理解。因此我希望各位家长明白"走近孩子，是去感受孩子的内心，感受孩子行为背后的快乐和悲伤"。

在诸多中小学生的心理咨询中，这个现象很常见。心理出现问题的孩子大多在家庭互动中都存在着很大的障碍。下面我为大家分析真实的案例（下文中的青青和朵朵均为化名），让我们看看孩子们的内心世界和爸爸妈妈的"应对方式"。

案例一　青青："我感到自己无处可逃"

看到这句话，作为父母一定不要忽视。很多时候孩子内心世界的"烦躁"和"抓狂"都被我们忽略了，而这种不重视会一步步摧毁孩子。

一个13岁的孩子青青在咨询中和我说道：

"我特别烦妈妈对我的管教。"

"妈妈总是觉得我不好好学习，我干什么她都管。为了监督我写作业，妈妈曾在家里装摄像头，我知道后，感觉很难过。"

"妈妈会翻看我的聊天记录，微信、QQ，看到和一些学习不好的同学聊天，妈妈觉得那些同学会把我带坏，还让我把同学拉黑，或者干脆自己动手把那些同学拉黑……"

听到孩子这么说，作为家长是否反思，自己真的能及时感受到孩子的这些"情绪"和"抱怨"吗？真的能及时走进孩子的内心世界了吗？有时候家长对孩子的所谓的"好"，口口声声对孩子"好"的做法，对孩子的自尊心其实是一种特别大的伤害。

处于这个年纪的孩子，自我意识正在迅速发展，本来对很多事情就比较敏感，家长的一些不恰当做法对孩子来说真的是弊大于利。

接下来继续看看孩子的心声：

"感觉妈妈总是对我道德绑架，比如有一次妈妈在辅导作业，我坐在桌子前，妈妈在旁边站着。妈妈说：'你不觉得我很累吗，就不知道让我坐下来？真是自私，不孝顺。'"

"买件新衣服，我穿上之后在镜子前照一照，妈妈觉得我太注重外表，不关注学习。"

"妈妈总说我太胖，不注意管理自己的身材。"

"这次期末考试我考了班级第一名，在年级排在前30名，爸爸妈妈觉得我考得不好，应该考在年级前10名。"

"我经常会处于深深的自责状态，每天晚上都想哭。有时候特别不想去学校，不想去的时候又感觉对不起妈妈。我只想长大后平平淡淡的……可似乎这个平淡的愿望无法实现。"

看到孩子述说的内心感受，让人不禁想到一个词——"压迫"。

我们来看看妈妈的反馈：

"真不知道她现在到底在想什么，总觉得她很拖沓，学习没有动力……"

"说多了她很烦，不知道怎么和她沟通。"

青青感到很难受，甚至出现了抑郁的表现，而妈妈也很焦虑，感到无法和孩子交流，也没办法帮到孩子。其实，她们之间在沟通中所出现的代沟从孩子比较小的时候就开始累积了。

经常性的指责与否定，对孩子不信任的监督，对孩子的批判……所有这些都让孩子时常陷入自责，即便成绩很好的时候也会感觉自己不好，缺乏自信。

即便考了第一名，孩子也觉得其实自己没有第一名的样子。

在这种压抑的沟通氛围中，孩子那些被压抑下来的情绪迟早会爆发。

孩子在成长过程中，经受着来自各个方面的压力。作为家长，应该学会合理地走进孩子的内心世界。

相信各位爸爸妈妈看到这里会有一些体会与感触。下面我们再看另外一个孩子朵朵的心声。

案例二　朵朵："我处处都在委屈自己迎合别人"

朵朵在咨询中这样说道："我处处都在委屈自己迎合别人，没有勇气表达自己的意愿。"

"我最近感到很累、厌倦、特别难受。每天感觉在学校都有很多任务，每天都有写不完的作业。上课的时候突然就跑神了，这段时间在学校感觉呼吸困难，肋骨疼，手抖。晚上总是做噩梦，睡不好觉。这次开学考我考了年级第 3 名，可是感觉在学校一分钟也待不下去……"

"我不想和同学一起，喜欢一个人走，和同学在一起，会很紧张，总纠结自己该说什么，不该说什么，害怕自己说错话。表面上我会装得很轻松，很开心，实际上……"

"我感觉在学校任务很重，每天感觉作业都写不完，过完周末去学校的时候心里就特别难过。"

"爸爸脾气比较暴躁，经常会指责我做得不好，很多事情都是直接命令；妈妈的要求也很严格，如果我做得稍不如她的意，她就会甩脸色给我看。"

"我自己经常会害怕犯错，总是处于自责的状态。在别人面前我处处会委屈自己，迎合别人，根本没有勇气表达自己的意愿……"

听到孩子的心声，想必我们每位家长脑海里都能够出现孩子无助、渴望外界理解的目光。他们在成长的过程中会面临一系列挑战，青春期的孩子情绪也很容易受到干扰，他们也需要"被温柔地对待"。

再来看看妈妈的反馈：

"反思我们家，爸爸永远第一句话就给出自己的意见和决定了。我虽然不像爸爸那样，但做得也不好，说话的方式或语气有时会压制了孩子的倾诉欲望。"

"通过这次孩子出现的症状，我们都很有触动，大家都开始尝试去改变。"

爸爸妈妈能够真正感受到孩子的内心世界之后，才知道自己需要作出怎样的改变，才能与孩子"好好说话，好好相处"。

在朵朵的内心表述中，我们看到一个内心的声音经常被忽略的孩子，一个行为经常被框在一定模型中的孩子。孩子在别人面前总是表现得很乖，很积极，可是自己的内心却非常难受，心理压力很大，很在意别人的看法，经常迎合别人的看法，根本不能正常地表达自己内心真实的想法。当自己的需求被压抑到一定时候，会发现自己已完全无法自控，会通过情绪的失控，会通过身体的不适表达出来。

无论是青青还是朵朵，在和爸爸妈妈的关系中都存在一定的问题，而爸爸妈妈也苦恼无法和孩子沟通，不能走进孩子的内心。

在心理干预的过程中要让孩子心理状态恢复到正常，父母改善沟通的方式与家庭氛围也是非常重要的一个方面。

作为父母，不要总想着以过来人的经验去指导孩子的人生，保持一颗谦卑的心，因为你永远不比孩子更知道什么对他来说是最好的，有些时候孩子需要自己去经历和体验，从而辨别什么对自己是好的。

父母最大的智慧，就是把孩子当成一个独立、完整、需要被尊重的人看待，看见孩子，用他真正需要的方式爱他，让他学会飞翔，让他成为一个身心健康发展的孩子，让他具备良好的道德水准。这比什么都好。

在这里我给家长们最重要的一个建议是：

走近孩子，是去感受孩子的内心，感受孩子行为背后的快乐和悲伤。

孩子是一个生命，在成长的过程中他/她的经历、思维只是一个孩子，而成年人更多用自己的经验、思维去处理孩子的行为，处理孩子的诉求。一度认为孩子应该按照大人的想法去做，认为大人都是在为孩子考虑。长此以往，当孩子的需求在沟通中一再被压抑，孩子就不愿意再和爸爸妈妈交流，就会表现出交流中的逆反，交流中的逃避甚至辐射影响到其他人际关系的和谐与畅通。

如果在交流中，孩子表现出强烈的对抗性，爸爸妈妈可以这么做：

（1）请审视一下平时的沟通中孩子最反对和最讨厌的话题，先避开。

（2）记得给孩子一定的空间，当他需要独处时，给他冷静的机会。

（3）可以通过信息或者文字的方式先传递自己的想法，保持真诚与敞开，切记不要在文字中指责，评判；但可以表达自己的情绪状态以及和孩子深入交流的需要。

（4）可以从孩子感兴趣的话题入手，当家长放松下来，没有那么焦虑、紧张与试图控制时，孩子就会放松下来，围在周围的墙会渐渐松动下来，直至拆除。

走近孩子，去感受孩子的内心，爸爸妈妈要做到以下几点：

1. 平等敞开的心

允许孩子对事情有自己的看法，允许孩子和爸爸妈妈对事情的看法不同；在和孩子沟通的过程中能够平等地阐述交流自己的想法。比如孩子讲道：我不想住校，我想走读。不要一听到就跳起来："不行，学校有规定……"可以换成："来，给爸爸妈妈说说你想走读的原因，是因为住校不开心，是……还是……"这就开启了孩子发声的第一步。

2. 用心地聆听

不要把聆听只当作一个空洞的、没有情感的技巧，而是要真正用心去聆听孩子的想法。

当你用心聆听的时候，也许孩子内心很多的纠结就释然了，也会找到更清晰的方向。

在你用心聆听的过程中，也能够更加了解孩子真实的想法与需求，从而找到你进入孩子内心的入口。而且在家庭里被用心聆听的孩子在和其他人交往中也更愿意表达自己。

3. 感同身受孩子的想法，并表示理解

当孩子表达完想法之后，换位去感受他行为背后的动机，并对孩子充分地理解，当你完全理解孩子的想法时，你和孩子的心又近了一步。比如，孩子给你分享，老师讲课节奏快，自己跟不上，所以烦躁的时候，可以先对孩子的情绪表示理解："是啊，节奏太快，跟不上，理解不了，心里肯定很烦……"如果父母用这样的方式来表达，孩子会觉得爸爸妈妈真的很懂自己，此时孩子在交流中也会给予爸爸妈妈的看法更多的尊重，并且也会认真地考虑是否接受爸爸妈妈的建议。

如果父母一上来就否定孩子情绪，孩子势必会迅速关闭自己的心门，以求自我保护，那么沟通就碰壁了。

通过以上三点，相信一定会让你和孩子心的距离更近，能更好地感受孩子的内心，更好地感受孩子行为背后的快乐与悲伤，能够更加了解自己的孩子。

第七章　上下求索

时间过得真快，春之绚烂转瞬即逝，迎来了炎炎夏日。随着热情如火的季节翩然而至，一年一度的高考也悄然逼近，它如同一场盛大的仪式，牵动着亿万人的心弦。

于亮所在的H省，也是全国高考竞争最激烈的地方。在这众多省份之中，H省以其激烈的高考竞争态势，成为全国瞩目的焦点。

每年，数以千万计的莘莘学子，怀揣梦想，踏上这条充满挑战与希望的征途。高考落幕之后，有人欢歌笑语，收获满满；也有人黯然神伤，泪湿衣襟。许多家庭更是将孩子的未来，寄托于这决定性的一役之上，视高考为改变命运的关键之门。因此，无论是望子成龙、望女成凤的家庭，还是怀揣理想、勇往直前的考生，皆对高考抱有无以复加的重视与期待，其重要性不言而喻，诚可谓"十年磨一剑，霜刃未曾试"。

随着考试日期的临近，华夏大地似乎被一层既凝重又饱含憧憬的氛围轻轻笼罩。无论是喧嚣繁华的城市阡陌，还是静谧悠远的乡村小径，人们茶余饭后的言谈，无不围绕着"高考"这一关键词。它不仅是一场考试，更是无数学子改变命运、追逐梦想的关键时刻，承载着家庭、学校乃至整个社会的期望与重托。

  于亮也一样，虽然基础不错，但前一段时间心理问题的爆发，还是耽误了一些学习时间。幸运的是，在心灵导师的悉心引导下，他的学习生活逐渐步入正轨，已经基本恢复正常，只是心中那份对前程的忐忑、对高考能否坦然以对的不安，依旧如影随形。在最近的考试中，他自己感觉到有一些吃力，就像一个大病初愈的人，一下子遇到重体力活还是会有点招架不住。面对高三频繁的考试总是非常的焦虑，情绪波动比较大。每次考试前的几天，晚上都难以入睡，导致第二天精神状态很差，在考试的时候感到精力不济。他知道这一关必须过，否则高考的结果一定会受到重大的影响。于是，他毅然决定，再访心灵老师，以求渡过难关。

第一节　笑靥如花

  夏日周末的上午，阳光如同细碎的金色绸缎，温柔地洒落在大地上，将万物装点得分外妖娆，整个世界仿佛被一层璀璨的金色绸缎轻轻覆盖，熠熠生辉。天空宛如新洗的蓝宝石，没有一丝云彩的遮拦，显得格外高远而清澈。微风轻拂，携带着花草的馥郁与夏日的热烈，轻轻摇曳着树梢的绿意，也悄然拨动了人们内心深处的琴弦。

  公园里，繁花似锦，绚烂夺目。红玫瑰犹如烈焰般炽热，热烈地绽放着生命的激情；白茉莉则散发着淡雅清新的香气，宛如纯洁无瑕的仙子，静静诉说着岁月的美好；紫色的薰衣草编织着梦幻般的紫色梦境，引领着人们步入一个神秘而浪漫的世界；更有那金黄的向日葵，永远追随着太阳的轨迹，绽放出最灿烂的笑容，仿佛是大自然中最坚定的守望者。各色花朵交织在一起，争奇斗艳，却又和谐共生，共同绘制出一幅生动绚丽、色彩斑斓的夏日画卷。

蜜蜂在花间穿梭，忙碌地采集着甘甜的花蜜，蝴蝶则翩翩起舞，在花瓣上轻盈跳跃，它们的身影为这幅画面增添了几分生动与活力。偶尔，一两只小鸟掠过枝头，清脆的鸣叫声穿透了宁静的空气，更显得周末的美好。"蝉噪林逾静，鸟鸣山更幽[1]"正是此情此景的写照。

杨晶与母亲并肩漫步于小路上，边走边细细分享着今天在舞蹈课堂上的所得。她感到自己深深沉浸于舞蹈之中，享受着每一个跃动的瞬间，也收获了舞蹈老师由衷的赞誉，老师对她的进步速度大加赞赏，认为她进步速度很快，情感表达充分，跳出了这支舞的生命力。

王淼明显地察觉到杨晶最近的状态呈现出飞跃式的变化，这种变化让她感到心安，她知道她已经无法给予杨晶一个完整的家，但她很希望把家庭分裂对杨晶的负面影响降到最低，她希望杨晶至少可以做一个快乐、健康的孩子，这是这次杨晶出现问题之后她最迫切的渴求，她不再像以前那样总是期待杨晶有多么的优秀，也不再总是期待杨晶的成绩、排名一定要达到她心中的理想状态。

女儿敏锐地捕捉到了王淼在过去两个多月里的显著变化，而王淼也感受到了自身的成长。在女儿进行专业心理干预的同时，王淼也勇敢地迈出了自我疗愈的一步，邀请心灵老师帮助自己面对并解决心中最大的困惑。心灵老师专业的处理让王淼与原生家庭之间进行了深度的和解，也正因为

---

[1] 出自南北朝王籍的《入若耶溪》。

这份和解，原生家庭对她产生最深的负面影响都被逐个拆除，让她获得了更和谐的内在，让王淼的视角和心态发生了根本性的变化。她不再在杨晶面前肆意发泄对杨正的怨恨，学会了将过往的怨恨轻轻放下；她也不再不顾边界，企图将杨晶的每一分每一秒都牢牢地掌控在自己手中，而是学会了尊重与放手，让女儿在自由与爱的氛围中茁壮成长；那些曾经如影随形的焦虑与担忧，也随着心灵的觉醒而逐渐消散，取而代之的是更加平和与坚定的心态。

仰望晴朗的天空，听着杨晶清脆的笑声，王淼的心中涌动着一股难以言喻的富足。

大自然赋予了人类许多美好的礼物，这繁花似锦的景象，让心灵得以休憩与放松；杨晶的笑声以及面庞上那如花绽放的笑容，让王淼的心彻底融化在这份纯真的喜悦之中。

根据时间的安排，今晚杨晶会与心灵老师在线上视频中进行最后一次的咨询，杨晶非常期待，因为她有很多开心的事情想与心灵老师分享。

终于到约定的时间了，当视频中出现心灵老师那熟悉而亲切的面容时，一股暖流瞬间涌上她的心头。

杨晶兴奋地与心灵老师分享了自己近期的种种开心事。她聊到了最近人际关系方面的改善，也提到，现在的自己情绪稳定、心态积极，与初见心灵老师时那个消极悲观，甚至有些厌世情绪的自己相比，简直是判若两人。

心灵老师温柔地听着，眼中闪烁着赞许的光芒。她缓缓开口："宝贝儿，回顾这一路走来，你在人际关系中遇到了不少矛盾与冲突。但正是这些经历，如同一面镜子，让我们有机会从中汲取教训，领悟人生的真谛。我们要以此为镜、为鉴，看看咱们可以从中领悟到什么、吸收到什么……"

杨晶点头表示赞同，说："在交往中，我学会了不能太冲动，不能随意出口伤人。与他人相处时，我懂得了谨言慎行，学会了包容与理解。我要努力做好自己，与他人和谐相处，不树敌，对老师和同学都保持尊重与友好。"

心灵老师微笑着点头："是的，宝贝儿，我们对他人的言行，最终产生的结果都回到咱们自己身上，你能有这样的领悟真的很棒。在人际交往中，能管理好自己的情绪就已经胜出一大截了。"

谈及学习，杨晶表示现在学习劲头很足，各科成绩都在上升，语文更是考到全班第一。但还有一些学科，比如数学就让杨晶很没信心。针对这一点，心灵老师运用了"心凌全息意象法"，帮助杨晶调整心态，增强了她对数学提升的信心。让她明白，当一个人对一件事情很有信心的时候，作出来的结果会很不一样的。同时，心灵老师不忘提醒杨晶保持学习状态的稳定性，她强调："胜不骄，败不馁，即便现在学习势头正猛，也切忌浮躁，要让心静下来，脚踏实地地规划好每一天的学习时间。要知道，坚持一天、两天或许不难，但能够持之以恒，坚持一个月、十个月，乃至十年，才是真正的挑战与考验。定力，是你未来学业道路上不可或缺的宝贵品质。"

在心灵老师的支持下，杨晶在过去这段时间，抗压能力、心理承受力、心理适应性都得到了提升，这就是那些经历的宝贵财富，心灵老师特意嘱咐杨晶要珍惜心理成长的结果，把它保持下去。这样，即便未来还会遇到刺激性的事件发生，自己也能够更好地面对与处理，而不是像之前那样遇到问题就逃避和退缩。

在心灵老师的悉心指导下，杨晶不仅收获了学习上的进步，更在心灵深处种下了"坚韧不拔、勇往直前"的种子。

杨晶今天聊得很开心，跟心灵老师分享自己的兴趣爱好，分享自己收集的最喜欢的娃娃，分享自己成功地控制了体重。同时也跟心灵老师坦诚地提到了自己初二时就开始暗恋的一个男生，如今，两人已经成为互相扶持、学习上共同进步的"好兄弟"。心灵老师问她，这种关系会不会影响她的学习，杨晶表示，这种关系并没有影响到她的学习，反而成为一种动力，让他们在学习上能够相互督促，共同进步。心灵老师细心地询问了杨晶对这种关系的感受，她回答说是舒服的，没有压力。当被问及是否有意将这段关系发展为恋爱时，杨晶坚定地摇了摇头，表示目前没有这样的想法。心灵老师听后，举了一些女孩子因谈恋爱而影响心情，甚至学业的例子，以此作为参考，但并未强加干涉。她鼓励杨晶保持当前这种舒适的关系状态，相互督促，彼此成就，共同上进。心灵老师说："既然现在的相处模式让你们都感到自在和快乐，那就继续维持下去。友情同样可以带来成长和进步，有时候，它甚至比爱情更加珍贵和长久。"

看着镜头中的杨晶笑靥如花，心灵老师感到非常的欣慰，在经历了生活与学习中的一系列波折与挑战后，杨晶的心智变得更加成熟而坚韧。她学会了如何在人际关系中保持适当的距离，同时也更加珍惜那些真正值得信赖的朋友。她学会了如何在压力之下保持冷静，如何不断提升自己的学习能力。她开始懂得，成功往往需要付出更多的努力与坚持，而挫败则是成长路上不可或缺的磨砺。她不再轻易为外界的声音所左右，而是更加坚定地按照自己的节奏向前走，去追求自己的梦想。

是啊，生活中的每一次经历都是一次成长的机会，只要我们勇敢面对，用心去感受和领悟，就能在心智上不断成熟并完善自己。这不仅对杨晶适用，对每个人都如此。

第二节　深度放松

经过两次深入的交流和心理疏导，心灵老师再次见到赵天宇时，明显感受到了孩子的积极变化，发现孩子的状态好了很多，面部表情更加灵动了，而且脸上有了笑容。孩子自己也表示，这几天心情开始变得明朗，这无疑是心理干预带来的积极效果。自己虽然没有能够正常地回到学校，但是在家里会做一些家务、看看书，也开始逐渐补一些落下的课程。

但有时自己感觉还是比较紧张，晚上会做噩梦。梦到巨大的怪物、紧张的考试以及嘈杂的人群。这些梦境在一定程度上反映了赵天宇内心深处的焦虑和压力。同时，他还提到在下午时容易感到头晕，情绪不佳，感到非常的烦躁；无论睡眠是否充足，都会感到疲惫不堪。

关于梦境，心灵老师为他解答道："这是你心情比较紧张的缘故，因而在梦境中也有所体现。当我们处于清醒状态时，可以通过调整身体与心情的方法来逐渐放松自己，这样梦境也会随之改变。同时，要明白梦境终归只是梦，并非现实。不需要过度地回想它，或者过度地去解读它。当慢慢放松下来的时候，心情和睡眠的质量都会得到提升。"

心灵老师还建议天宇，这些天在家休息的时间要多出去走一走，比如可以到图书馆里坐坐，或者做一些运动，打打羽毛球、乒乓球，或者是晨起跑跑步。重要的是，不要总宅在家里，如果一直待在家里，人的状态会变得比较消沉，比较颓废。因为身心是一体的，当身体能够得到良好调整时，心情也会随之好转，而心情的愉悦又会对身体大有裨益。所以，身心需要共同管理。

心灵老师教孩子去识别，什么状态才算是拥有健康的情绪。当我们心情不愉快、有负面情绪出现的时候，如何去处理我们的情绪？当负面情绪来临的时候，首先要做的是接纳它，接纳之后要去观察情绪，观察这情绪的背后潜藏着什么样的原因，接着采取适当的方式处理，最终摆脱它的困扰。通过"接纳—观察—处理—摆脱"四步曲，我们能有效应对生活中出现的任何负面情绪，及时化解它们。在处理情绪的时候还要用到很多具体的方法。

接着，心灵老师讲述了一些具体的操作方法，特别是呼吸调节类的情绪管理技巧，坚持每天实践，有助于情绪更加平和，同时提升孩子的注意力和反应力。

心灵老师还告诉赵天宇，要通过倾诉、注意力的转移、ABC法则[1]等方法对情绪进行管理，要明白情绪虽然说是会经常出现的，但是，我们是有办法去对情绪进行管理的。在情绪管理的过程中，我们的情绪逐渐平稳、内心平和、从一种比较消极的负面情绪状态中走出来，跨越情绪障碍，就能够投入正常的生活与学习中去。

在最后结束的时候，心灵老师又通过"心凌全息意象法"的方式，引

---

[1] 是指情绪ABC理论，由著名心理学家阿尔伯特·埃利斯（Albert Ellis）于20世纪50年代创立。该理论认为可以通过改变人们对事件的不合理认知，进而改善其情绪和行为。

导赵天宇进入了一个深度的放松状态。这种放松状态有利于他更加快速地缓解内心深处紧张和恐惧的情绪，进而改善他的睡眠质量。当孩子从心灵空间走出的时候，明显感觉到自己轻松了很多，仿佛卸下了沉重的负担。

第三节　打破考试焦虑

"老师，我最近发现，无论是考前还是考中，我都异常紧张，完全无法进入良好的学习和考试状态。"于亮一见到心灵老师，便迫不及待地倾诉起自己的苦恼，"每当得知即将考试的确切消息，我就开始紧张不已，尽管我试图让自己专心学习，但总是无法摆脱那种紧张感。我心里会不停地乱想，比如这次考不好怎么办，如果成绩又退步了怎么办，甚至因为自己现在的考试状态，开始忧虑高考会不会也因此一塌糊涂。这些想法让我越来越难受，人也变得越来越消极。"

"我现在真的感觉自己快撑不住了……"于亮的声音中带着几分无助。

心灵老师静静地听完他的诉说，回应道："现在可以放松下来，去觉察一下在那种焦虑的背后，你究竟在担心什么。"

"我担心考不好，"于亮坦诚地回答道。

心灵老师追问道："考不好了会怎么样呢？"

"考不好的话，我担心周围的人会看不起我，也担心自己后面的高考考不出好成绩。"于亮忧心忡忡地说。

心灵老师继续引导："如果是别人看不上你自己，或者高考考得很差，又会怎么样呢？"

于亮思索片刻后说:"那可能就意味着我是一个非常失败的人,我这辈子就完了。"

心灵老师温柔地指出:"这是你对考试赋予了过重的意义。考试确实重要,但用一次考试来定义你的一生,显然是不理性的,你觉得呢?

"高考确实是对你多年来学习的一次总结,也是通往大学的一道门槛。但宝贝儿,首先我们要正确看待这场考试,它只是对我们某个学习阶段的总结,并不意味着如果我们考得不理想或者考得不好,我们的人生就是失败的。评价一个人的人生有很多的维度。所以对待考试你需要再放松一点,不能把所有的成败都寄托在一次考试上,这样的压力是任何考试都无法承受的。你要明白,你的生活是多姿多彩的,生活中蕴藏各样的内涵,学习只是其中的一部分。你能否创造价值、有所成就、活出人生的意义,受很多因素影响,而不仅仅是考试。

"目前你的状态正在好转,不宜给自己施加过大压力,更何况面对考试竞争,如果总是沉浸在紧张和害怕中,只会让你的状态更糟。你要思考的是,如果想考出好成绩,我该怎么做?我该有些什么样的行动?需要给自己定一个合理性的目标,尤其在现阶段,不要给自己过高的期待,还有呢,就是要给自己制定适度的学习任务,避免一下子堆积太多任务,导致时间紧迫而产生恐慌心理。所以减少任务量,降低期望值,同时告诉自己,每次考试都是一次宝贵的检验机会,可以帮助我们查漏补缺,明确自己缺失的知识点。同时在考试之后,最需要的是善于总结,去看一看自己哪些方面是弱项。找出自己的弱项,将同类题目归纳起来,这样在未来遇到类似题目时,就能更好地解决。

"对于你目前出现的睡眠问题和注意力不集中的情况,可以采取一些微小行动来缓解焦虑，人在行动时对事情会有现实性的推进发展，这能让人专注于行动而远离焦虑。同时，也可以运用我之前教你的情绪平复方法，比如腹式深呼吸和体式呼吸。当感到特别焦虑，无法投入学习时，不妨停下来，去做一些适当的运动，如散步或打球，或者与同学交流，分享自己的紧张心态，听听他们的建议，这些都有助于缓解焦虑情绪。

"对于考试中的焦虑，也是有方法缓解的，随后，老师将撰写一篇专门探讨考试焦虑的文章，到时你也可以再仔细地看一看，相信你会有更深的体会。"

通过与心灵老师的交流。于亮已经感觉到自己的心结打开了许多，他意识到，自己过去太过在意结果，加之此前耽搁了许多学习时间，错过了许多学习内容，因此每次考试前都会感到担忧和恐惧。

通过这次心灵老师专业的解析与引导，他明白，现在不能再过分责备自己，因为这样做只会适得其反。一周之后，当他再次见到心灵老师时，读到了那篇题为《有效应对考试焦虑，显著提升成绩》的文章。

有效应对考试焦虑，显著提升成绩

对高考状元的研究表明，影响考试成绩优劣的因素，第一是考试中的心态，第二是考前的心态，第三是学习方法，第四是学习基础。可见考试心态对成绩的重要性，在对1782名中学生的调研中发现，因考试焦虑直接影响学习效率与学习成绩的比例高达41.78%。这一数据清晰地表明，认识并有效应对考试焦虑，对于提升学生的学业表现至关重要。

1.考试焦虑的含义及表现

（1）含义

考试焦虑又称"考试恐怖"，是指考试压力引起的一种心理障碍，核心症状是焦虑，这种焦虑常因过去考试失败经验的强化而难以控制和无力摆脱。

(2) 主要表现形式

①情绪层面：个体可能表现出害怕、担忧、紧张、烦躁不安等情绪，甚至因无法有效缓解这些症状而感到无助、失望和信心丧失。

②生理与躯体层面：考试焦虑可能导致食欲不振、睡眠障碍等生理反应。此外，还可能出现口干舌燥、出汗、恶心、呼吸困难、胸闷气短、头晕耳鸣、手抖等症状，严重时甚至引发胃痛、上吐下泻等消化系统问题。这些生理反应凸显了考试焦虑作为青少年常见心理异常的严重性。

③行为层面：个体可能表现出坐卧不安、频繁上厕所等行为特征，同时学习效率下降，注意力不集中，记忆力减退。在考试时，可能出现大脑空白，原本熟悉的题目也无法回忆起来，严重时甚至逃避考试，产生厌学情绪。

值得注意的是，考试焦虑的表现形式因个体差异而异，包括考前焦虑、考中焦虑、考后焦虑三种不同形式。在以往的咨询实践中，我们发现考前焦虑是持续时间最长、对学习过程产生负面影响最多的一种形式。每个孩子可能表现出其中一种或多种焦虑形式。

2.为什么会出现考试焦虑？

考试焦虑的产生往往源于多个方面的因素，主要包括以下几点：

(1) 预设负面结果：个体在考试前已预设了自己可能考不好的结果，这种预期增加了焦虑感。

(2) 对考试的理解（分数论倾向）：过分强调分数的价值，将考试视为评价个人能力和价值的唯一标准，容易导致考试焦虑。

（3）经验元素：过去的考试经历，尤其是失败的考试经历，可能强化了个体对考试的恐惧和焦虑。

（4）知识储备不足：学生在备考过程中，如果感到自己的知识储备不足以应对考试，也会引发焦虑情绪。

（5）外界压力：来自老师、家长等外部环境的期望和压力，可能加剧学生的考试焦虑。

（6）与同学的比较：在学业成绩上的相互比较，也可能成为考试焦虑的诱因。

（7）自责和自大情结。

①**以自责为主要情结的焦虑**：这类学生平时学习勤奋刻苦，在考试时一点小差错都会产生强烈的自责，以致对自己的学习能力产生怀疑，忧心忡忡。

②**以自大为主要情结的焦虑**：这种焦虑通常出现在平时学习成绩较好的学生身上。他们可能对自己的能力产生了过高的估计，在制定长期理想目标和阶段考试目标时，往往超出了自己的实际能力范围。因此，在实现目标的过程中倍感艰辛，当目标无法实现时，情绪就会低落，甚至嫉妒其他同学，或怀疑自己的能力不足，认为自己的命运不佳。

3.如何应对考试焦虑

（1）设置好目标

焦虑的时候，最重要的是找到一个好目标，通常的好目标是可以控制、适合自己、方便调整和评估的。我们有一个黄金指标来衡量一个目标是不是好目标，就是你能否通过有效的行动来提升能力，实现目标。好目标通常是内在目标，而不是外在目标。

我们举例说明一下两者的区别：

目标举例1：我一定要考年级第一名。

分析：这是个外在目标，不仅跟自己的水平有关，更多的时候是由跟你一起参加考试的同学的水平决定的。

目标举例2：我要在考试中做出二元一次方程或者应用题。

分析：这是个内在目标，是由你对知识的掌握以及熟练程度决定的。

目标内在化，就可以避免遭遇大量的挫败和失望。可以通过自我努力去实现，并且是在原有基础上自己一点点的进步。

要缓解焦虑，就要识别目标，将目标转为内在目标，然后落实到具体可控的行动上，这样备考的焦虑就会因为可见的任务和行为的达成而得到缓解。

（2）建立积极正念的认知

好的认知是积极的正念认知，而不是绝对化、非黑即白、以偏概全等非理性的认知。

有的同学或家长认为：每次的考试必须是第一名，这样才能考上好初中，好高中，然后才能考上清华大学，只有考上了清华大学才说明是成功的，否则就是一败涂地。

在这样的认知模式下，任何一次考试都会感受到泰山压顶的压力，因为这都关系到人生的成败，那么有焦虑就不奇怪了。虽然看上去整个逻辑推导严谨，可这个推理是基于"考试失败＝人生失败"这个不合理的信念，要缓解焦虑，就需要通过调整认知来解决。

面对难题和各种阻碍，可以试试将灾难化、绝对化的消极想法转化为客观的、建设性的、可调整的、可评价的积极想法，例如：

①今天的任务都没完成，我再做什么都没用了。转换为：今天没有完成的，我会调整明天的时间，做好安排，取得理想的结果。

②还有两天就考试了，我什么都来不及学了。转换为：虽然考试只剩下两天了，我其实还有机会把一、二、三……这些内容搞清楚，搞明白。

（3）坚持好行动

根据目标设置的好行动，应具备可执行性、可量化性和可评估性这三个核心特点。在设定备考的行动方案时，要兼顾这三个特点。比如，每天5分钟练习某类型题目若干道，确认自己可以执行这个目标，既不觉得吃力，也不觉得特别轻松，又可以进步一点点，就是一个好的行动。同时，当我们察觉到自己的焦虑，影响到自己的学习效率时，也要采取有效的自我减压的行动。比如：

①**自我宣泄**：将自己的郁闷心情、紧张情绪向家人、朋友、老师倾诉，让焦虑紧张情绪得到缓解。

②**呼吸调节**：考生可以坐着或者躺着，首先要缓慢地吸气，然后停住几秒屏住呼吸，再吐气，这样反复几次。用心去感受呼吸以及这个过程中放松的感觉。通过坐着或躺着进行缓慢而深长的呼吸练习，如吸气后暂停几秒再呼气，多次重复此过程，并用心感受呼吸带来的放松感。

③**积极想象**：这次的考试我可以把自己掌握的内容很好地在考试中发挥出来。想象自己在考试中能够充分发挥所掌握的知识，增强自信心和应对考试的积极心态。

④**听点舒缓的轻音乐**。有些家长一看到孩子在听音乐就责备他们不务正业。其实，在忙碌和疲惫时，听一些舒缓的轻音乐有助于放松身心，家长应理解并支持孩子这一行为，而非一味地责备。

⑤**适量的运动**。运动量究竟要多大？根据自己身体承受程度来定吧。感觉累、有点舒爽就可以了。散步、跑步、骑车、打球、爬山……都可以，根据个人身体状况选择适当的运动方式，以达到既放松身心又不过度疲劳的效果。

（4）求助于心理干预治疗

①**中度考试焦虑**

考生若在想到考试时伴有身体发抖、频繁上厕所、尿急、尿频、失眠等症状，且学习效率有所下降，尤其对于难度较大的课程内容难以集中注意力，这可能表明其正经历中度考试焦虑。在此情况下，建议考生寻求心理咨询与治疗。通过专业心理咨询师的指导，考生可以学习有效的应对策略，如放松技巧、认知重构等，从而缓解焦虑情绪，提高学习效率。

②**重度考试焦虑**

若考生长期（通常指持续半年以上）处于焦虑状态，表现为从早到晚坐立不安，未完成的事务感强烈，可能夸大不良结果，并伴随手抖、出汗、尿急、尿频、坐立不安、失眠、全身疼痛等躯体症状，且严重影响学习效率，难以正常阅读和学习，这表明其正经历重度考试焦虑。对于这种情况，建议考生及时寻求心理治疗和药物治疗的综合干预。心理治疗可以帮助考生识别并调整不合理的思维模式和行为习惯，而药物治疗则可以在一定程度上缓解焦虑症状，两者结合使用通常能更有效地缓解重度考试焦虑。

在寻求心理干预与治疗时，考生应积极配合心理咨询师的指导，坚持治疗，以期达到最佳的治疗效果。同时，家长和学校也应给予考生足够的理解和支持，共同创造一个有利于考生缓解焦虑、提高学习效率的环境。

4. 考试中的焦虑与考试后的焦虑及其应对策略

考试中的焦虑：

部分学生在平时的学习中表现稳定，但一到考试便会出现显著的焦虑症状，如极度紧张、手抖、频繁上厕所、思维混乱、大脑空白等。这种现象的原因主要有两个方面：

（1）过分看重成绩：这类学生往往因对成绩的极度关注而承受巨大压力，这种压力多源自父母的高期望和成绩的比较。针对此情况，建议家长引导孩子关注学习本身带来的成就感和快乐，而非仅仅为了得到他人的认可。

（2）标准化训练不足：学生若平时缺乏足够的标准化训练，便会在考试时感到心里没底，缺乏自信。因此，建议学生在平时的学习和练习中，以考试的标准来要求自己，以便更好地了解自己的真实水平，从而增强信心，减少焦虑。

考试后的焦虑：

另一部分学生则表现为考试后的焦虑，他们害怕成绩公布，担心因考不好而受到批评或惩罚。对于这类学生，家长应减少给予的压力，创造一个更加宽松的家庭环境。

给家长提三点建议：

（1）适度支持与保持距离：在孩子需要帮助时，家长应提供支持和帮助；而在孩子不需要时，则要保持适当的距离，给予孩子一定的自由空间。

（2）营造轻松氛围：家庭氛围应轻松、温馨，避免过于紧张的气氛给孩子带来额外的负面情绪。

（3）避免传递焦虑：家长自身的焦虑情绪很容易传递给孩子，进而影响孩子的考试表现。因此，家长应努力调整自己的情绪，避免将焦虑传递给孩子。

最后，需要强调的是，孩子出现考前和考后焦虑的主要原因在于过分在意成绩和外在压力。因此，家长和老师在学习上可以对孩子提出严格要求，但应更重视过程评价，淡化结果导向。避免给孩子施加过大的压力，让孩子在中小学的学习之旅中享受更多的乐趣与欢乐。

第四节　游戏成瘾

在高梁飞一番自我反省之后，返回学校不到一周的时间，就又出现在了心灵老师的工作室里。这次并非因为学业，而是因为一次违纪事件——串班后返回教室迟到，被扣了分，并受到了老师的严厉批评。高梁飞自觉委屈，不接受老师的处罚决定，双方因此产生了不小的摩擦。

向老师申诉未果之后，高梁飞愤然回到自己的座位，情绪失控之下，摔了自己的凳子，并用手掌重重击打在墙壁上，以如此暴力又激烈的方式回应老师的批评，自然难逃学校的再次处分。所以在他回到家之后，爸爸妈妈就把他送到了心灵老师这里，让心灵老师深入聊一聊他内心到底是怎么想的，为什么会这样的让人不省心。

高梁飞的样子看起来满不在乎，似乎对短时间内连续两次受到处分没有任何的悔改之意，反而是一种自己受委屈的感觉，他认为老师的做法太过分，心中充满了对老师的种种不满。

"如果说真的有什么热爱的话,我热爱游戏,热爱谈恋爱。我也喜欢编程,但是编程更多的是用来复仇。"高粱飞见到心灵老师倒还是比较尊重的,展现出了和父母口中不一样的形象。

心灵老师问:"为什么说是复仇呢?"

高粱飞直言不讳:"这样子的话,我就可以更好地掌握网络,利用网络的力量向那些曾经伤害过我的人复仇。"他倒是丝毫没有掩饰自己内心那略显阴暗的想法。

老师接着问:"你在游戏中得到了什么?为何会如此热爱?"

高粱飞答道:"在游戏中,我感受到了自己的价值,通过游戏闯关不断升级获得肯定。我在排行榜上名列前茅,在亚洲赛区都很难找到对手。"尽管心灵老师知道他这些表达更多带有自诩的成分,但是没有打断他,而是给予他一个回应:"居然这么厉害!"高粱飞继续说道:"在游戏世界里,我还能交到一些朋友。他们不像现实生活中的朋友那样复杂、那么多麻烦。打游戏让我感觉到快乐。爸爸妈妈越反对,我越要打,他们越想让我学习,我越不想学,如果不是因为谈恋爱的吸引,我压根儿就不会去学校……"他话锋一转,向心灵老师提出了一个深刻的问题:"为什么游戏上瘾就被视为问题,而学习成瘾却不是呢?"

确实,网络成瘾在当下给很多家长和孩子造成了影响,很多家长看到孩子拿手机、看到孩子坐在电脑前,就会特别烦,甚至焦虑。

心灵老师在高粱飞的描述中已经感受到了高粱飞对游戏的痴迷程度。听到他最后提出的问题,心灵老师感到他虽然年龄不大,但思想却还是颇为深刻的。于是,心灵老师向高粱飞阐述了上瘾的机制以及对于上瘾的理解,并深入探讨了学习上瘾与游戏上瘾之间的本质区别。

"世间万物，既有促进人心向善、积极向上的正面事物，也不乏引人消极颓废的负面事物存在。

"如果对于正面积极的事物非常的专注，有极大的热情，你甚至会狂热，那么你很容易在这里面作出很大的成就，能够在实现个人价值的同时，也能够创造更多的社会价值。相反地，比如游戏上瘾、酒瘾、烟瘾、毒瘾、赌瘾等，这一类更多的是满足了个人短暂的快乐的需要。而且因为对于游戏的痴迷可能会忽略生活中的其他存在，而不能正常地回到现实世界里。有些人在脱离游戏之后，会出现一定的戒断症状，比如说该上学的时候却不去上学，需要学习的年龄，却不学习，这是其一。另外，在游戏里会有很多新的价值观的传递，也许有的游戏还能够带给人一些正向的引导，但是有些游戏却充满血腥暴力，甚至还有色情。所以，除了成瘾之外，它还会带来许多新的负面的影响。如果真的对游戏研究感兴趣，也无可厚非，电竞人才也是需要的。但如果纯粹是为了短暂的快乐以及对现实世界的逃避，而沉浸其中，就得不偿失了，那么游戏成瘾将会给身心健康带来比较大的危害。"

尽管这次关于游戏成瘾的讨论不可能让高梁飞立刻放下手机，但至少他没有排斥这次对话，甚至感到心灵老师的引导触动了他的内心。

第五节 上瘾的背后

手机上瘾是一个结果，我们要知道背后的原因是什么，改变原因才能获得不一样的结果。

现实生活中确实有很多孩子沉浸在手机游戏上，或者有些孩子一过假期注意力就都会集中在虚拟的空间里，首先这对学习造成了很大影响，也正是家长们所担心的事情。很多家长面对这种现象都感到无可奈何。"说也不听，骂也不行。"此外，很多孩子进入虚拟的网络中之后，就不再去考虑在现实生活中怎样和其他人相处的问题，已经不再有社交了，因此对孩子的人际关系也造成了比较大的影响和困扰。

很多家长希望能够和孩子聊聊天，比如能听孩子讲讲在学校发生了什么事情，也希望看到孩子回到家之后能够马上去写作业，但是孩子处于网络依恋状态的时候，并不会如家长所愿，甚至会和爸爸妈妈发生比较激烈的矛盾冲突，这样就带给很多家长困惑。

笔者在此前帮助过一个高中的孩子，因为使用手机和家长产生了严重的冲突，孩子想玩手机但是家长不允许，孩子就把手机偷偷带进校园，我们知道校园是不允许带手机的，一旦被学校发现，肯定会受到惩罚，也会被老师说。

孩子把手机带到学校之后就特别想玩，被发现和老师产生冲突之后，孩子选择离家出走，这个时候家长很着急，要费很大的力气把孩子找回来。

孩子一想到回了家之后手机就会被限制，于是孩子就不回家，和家长怄气，就在超市过夜，饿了就买些东西吃，晚上也在超市睡觉，超市老板也不好把孩子赶出去。就这样，孩子待了三天三夜……

除此之外，孩子一般在游戏的时候会有购买人物角色的行为，因此玩游戏也会导致花钱的地方比较多，加上孩子本身不会赚钱，就会在用钱方面和家长产生冲突。有这样一个案例，一个孩子直接偷偷用家长的钱购买游戏相关的设备、角色，之后家长突然发现微信钱包中的钱少了上百元甚至上千元，家长就非常生气，言语也比较过激，甚至和孩子发生了肢体冲突，孩子一气之下就从窗户跳下去了，这是因网络依恋导致的悲剧。由此可以看到，网络依恋对孩子心智的成长危害是很大的。

在社交场合，我们会发现孩子完全无视他人的存在，沉浸在自己的手机里，和其他人没有任何交往和交流，看到这种现象家长也会很着急，家长也存在很多困惑。这究竟是什么原因呢？

首先，游戏让孩子们在行为和心理上产生比较强的依赖感。沉浸在游戏中的时候孩子会觉得非常开心，有快乐感，如果脱离环境就觉得很难受，很不舒服，觉得心烦意乱，也没有心情做其他事情，会出现比较强烈的依赖感。

网络成瘾的孩子只有在虚拟的时空中，才会感觉到自我的存在，才感觉自己好像活着，在这里才会有兴致，对其他任何事情都没有兴趣，这是孩子产生网络依恋的第一个表现特征，在行为和心理上都有非常强烈的依赖感。

其次，游戏让孩子行为的自我约束和自我控制严重地削弱。孩子会感觉"我没有办法控制我自己",就是想去拿手机,就是想玩手机。相信很多大人也深有体会,这不仅存在于孩子中间,也会有很多家长对手机非常依赖,这个时候自我约束和自我控制是极弱的。

手机成瘾对孩子的学习和生活的秩序造成影响。

有些严重成瘾的孩子根本就不去学校,每天窝在家里,之前接受咨询的一个孩子,初二的时候休学在家,整整一年半的时间不出门,还和家长进行对抗,产生语言与肢体的冲突。但是即便如此,家长也没有办法促使孩子摆脱网络的羁绊,于是最后家长几乎放弃。

孩子进入网络成瘾的状态中,就会有特别强烈的依恋行为,畅游其中乐此不疲,唯独对网络游戏感兴趣,吃饭也不香了,其他任何东西都挑不起孩子的兴致,甚至为了玩可以不吃、不喝、不睡。

最后,我们说游戏对身体和心理健康都会产生损害。打游戏时长时间保持一个姿势,这对孩子的身体活力会产生很大影响,对孩子的身体健康也会有负面影响。有些孩子在成瘾的状态下,已经没有办法区分现实和虚拟世界,这是网络依恋的孩子的表现特征。

那么,孩子为什么会对网络产生依恋呢?

现在生活在城市,人与人之间的交流看起来很便捷,但是线下的交流实际上是在减少的状态,所以很多独生子女在家里没有玩伴,就会在虚拟的世界里交朋友,交全国各地、全世界各地的朋友,因此在这里会投入很多的情感。

曾经对一些家庭进行过采访,爸爸妈妈的感觉就是孩子根本没有朋友,但是问到孩子自己的时候,孩子会说我有朋友呀,这些朋友可能是在游戏中认识的,在网络上认识的,实际上孩子在这方面的"社交"中也投入了很多的情感。

游戏本身的设置会让孩子在其中乐此不疲，不仅能够在这里获得很大的成就感，还能达到相应的级别，得到相应的礼物，同时还可以在同学们中间炫耀。

孩子在中小学时期，认知能力、自我意识处于上升的时期。对于是非、黑白，孩子的分辨能力是比较低的。也因为孩子社会阅历和经验的问题，孩子很容易觉得"我讲出来的东西就是对的"，在和孩子们交流的时候会发现，明明很多孩子的认知都是很片面的，很有欠缺的，但是孩子还是会认为：我的看法就是对的。

随着社会节奏的发展，爸爸妈妈都很忙，有些家庭是爸爸妈妈陪着孩子上学，但是很多陪伴也不一定起到了真正陪伴的作用，有些家长看似是在陪着孩子，但是其实家长一刻都没有放下手机。

不管是孩子在学习、在看电视或者孩子想和爸爸妈妈聊聊天，家长都是手机不离手的状态，因此家庭环境也是很重要的一个方面，会发现很多成年人对手机的依恋越来越严重。

在有些家庭，夫妻吵架，或者和孩子之间交流和谐度不够，家庭里经常充斥着语言暴力，在这样的环境里，孩子的情感需求没有办法得到满足，情感的归属性较差，在这种情况下，孩子就会寻找依恋和寄托，这就很可能让孩子沉浸在手机中。

这就告诫我们家长要从自身做起，营造家庭和谐的氛围，对孩子多一些关爱，当我们没有办法摒弃手机的时候，要尽量避免孩子受到更大的影响和伤害，因为这个年龄的孩子，他们的认知都不够成熟，没有办法很好地、理性地辨别是非，一不小心就可能受到伤害。

教育环境在很多时候也起着很大的作用，比如在疫情之前，孩子对网络的接触可能真的还比较少，多媒体的课程开始，孩子更可能接触到很多网络上的内容。有的家长看到孩子好像在认真学习，但是又会发现孩子在倒腾其他的东西，有的家长会装摄像头，发现孩子在上课的大部分时间都在玩 iPad 或电子产品，这就造成了家长的困扰。但是我们并不建议家长对孩子用这种方式对孩子进行监督，孩子在内心会非常反感，我们希望孩子能够在家长的耐心引导下形成自律的习惯。

想把孩子从沉迷中拉出来，不是一件容易的事。不但把孩子拉出来，还要消除孩子的抵触情绪，激励孩子积极向上，更是一件难如登天的事。在孩子还没有真正对手机成瘾之前，家长需要做的是多与孩子共处，不能让孩子"闲置"的时间过长。"人闲生事"就是这个道理。

在预防方面，可以做些什么事情呢？

首先是关爱。在中小学阶段，家长更多的注意力集中在孩子的学习是否搞好了？孩子的成绩是否优异？孩子作业是否按时完成？在学业方面不好的时候，爸爸妈妈会用不恰当的教育方式对待，孩子会在心理上觉得缺乏关爱，当关爱缺乏的时候，孩子就很容易出现问题。

这个时候我们要关注孩子的内心在想什么，孩子在学校是否开心？有没有遇到不开心的事情？可以多对孩子的内心世界表示关注，预防孩子网络成瘾。

其次是交友。随着孩子年龄的不断增长，孩子对爸爸妈妈的依恋在减少，但是对于交友的依赖在增长，我们要鼓励孩子多交一些朋友。有很多家长太忙，没有时间近距离接触孩子的朋友，有时候只是单单从学习成绩来判断，但是这样也是失之偏颇。

有这样一位妈妈，会查看孩子所有社交软件的聊天记录，可能就会看到很多爸爸妈妈不喜欢的内容，妈妈会主动把孩子的这些朋友删除，这是很容易引起孩子反感的，所以家长要知道孩子交友的需求在上升，真正对孩子交友的关心不仅仅体现在"一定要交学习好的朋友"。

爸爸妈妈可以了解孩子和朋友之间会聊什么样的话题，这样爸爸妈妈就可以对孩子多一些了解，同时也能够和孩子之间拉近距离，知道孩子社交的人群是怎样的，在交友方面，与孩子的探讨以及对孩子的引领也是可以预防网络成瘾的好办法。

最后是多方面兴趣的培养。 一个孩子跟心灵老师说：我现在想写小说，但是我又喜欢弹吉他，又喜欢创作，还喜欢打篮球……在这样广泛的兴趣之下，孩子很难有大片的时间去接触网络，当然也会带来另一方面的困惑，孩子不知道怎样合理安排时间，这个时候就需要帮孩子厘清他的重要任务、次要任务，以及帮孩子作出恰当的取舍与选择，所以在陪伴孩子的过程中，这也是一门技能。

提前干预只需要付出很小的代价，当孩子出现问题的时候，在情感、时间、金钱方面要付出更大的代价。所以要早发现，早干预。

当孩子已经出现成瘾的问题，从家长的角度来说该怎么应对？

1.关注孩子深层需求

当孩子出现了对手机依恋程度很高的时候，需要去看孩子到底满足的是什么样的需求，我们要学会多方位了解孩子的需求，去看是否有可替代的方式去满足孩子的需求，而不是通过网络依恋的形式去满足。

大多数家长最多关注的是孩子是否吃饱了、穿暖了，但是吃饱穿暖只是生理的满足，是生存的需求，而孩子的需求满足是多方位的，比如孩子在情感归属方面的需求，爸爸妈妈是否可以做到对孩子更多的关心？是否可以做到安全的需求。

有些爸爸妈妈比较擅长"攻击"自己的孩子，虽然爸爸妈妈的出发点都是好的，是为了让孩子拥有好的学习成绩，因而用了一些攻击、指责的方式，这些攻击指责有可能来自语言层面，也有可能来自生活层面。

无论来自哪方面，其实这些都会给孩子带来安全感的缺失。孩子也会逃避，就可能会逃避到没有打骂和指责的环境中去。另外，孩子也有受到尊重的需求，尤其是一些学习成绩不好的孩子。

有一个在心灵空间曾经接受过咨询的孩子，随着他学习动力的增加，成绩慢慢地提升，孩子自己说：我慢慢发现我的成就感上升了，很多同学愿意跟我说话了，我的语言也更加有影响力了。

对于成绩不好的同学，或者曾经成绩不错，伴随着成绩下滑的学生，这类学生的成就感就会缺失，再加上有很多爸爸妈妈在咨询的时候会做自我检讨，"我真的对孩子的方式不太对，我对孩子的否定特别多，经常责怪他，很少鼓励和支持他"。

孩子在这种氛围中，哪来的成就感？起码的尊重孩子是得不到的。有的孩子会说：老师，我跟您说我为什么喜欢玩游戏，每次闯关之后都会得到一些奖励，就非常有成就感，同时我还可以向同学去炫耀。

所以要去关注孩子多方面的需求，而不仅仅是停留在吃饭、穿衣这些最底层的需求上。当我们发现孩子已经处在网络依恋中，家长就要尽快去做一些鼓励的行为，鼓励孩子多去参与社交活动，提升孩子的社交活力。

2. 跟孩子平等对话

作为家长，我们自己有时候也会对一些事情成瘾，有的家长追剧很厉害，有的家长喜欢打牌、玩游戏。在成瘾的背后一定是有原因的，但是并不意味着孩子成瘾了，就是罪人。

所以要和孩子平等对话，和孩子讲述这件事的危害，但是不能因此就全盘否定孩子。大人要去了解虚拟的网络世界，了解孩子到底在干什么，因为很多孩子不仅仅是在玩游戏。了解孩子为什么这么喜欢这个游戏，在游戏中有什么欣赏的人物，有什么特点是让孩子比较佩服的，深入了解孩子的内心世界，更容易把孩子从网络依恋中拉出来并做好引导。

3. 家长要对于网络有全面的认知

网络是无处不在的，在很大程度上给我们便捷，同时能锻炼孩子的反应能力。

综上所述，面对网络成瘾，我们不仅要看到结果，还要找到原因，从而更加有智慧地应对。

第六节　早恋

在讨论了手机依赖之后，心灵老师与高梁飞转向了另一个话题："这么小的年龄为什么会频繁地谈恋爱？在谈恋爱中自己又获得了什么？"

高梁飞坦言："虽然我在谈恋爱的时候不断地受伤害，不断地被分手，但是我依然希望找到一个女孩儿，可以爱她、保护她，在爱她、保护她的过程中，我能感受到自己价值的存在。"

心灵老师闻言，便敏锐地察觉到了孩子在异性交往中的核心问题——价值感缺失。尤其是那些长期遭受校园欺凌的孩子，他们的价值感往往极低，因此会寄情于某些事物，比如谈恋爱这些事情，就试图从这些缥缈的情感中去抓取那些所谓的满足感，抓取自己的存在感，以及抓取自己对其他人的价值和意义，而这种狭隘地把自己的价值感建立在他人身上的做法，注定难以长久。因为对方的存在，仅仅是他们实现自我价值的一个媒介。对于这些心智尚未成熟的孩子来说，这种关系势必在不断的变化中，导致他们的价值链条不断断裂，会不断地给予他伤害。越是得不到满足，越是感到匮乏，他们就越想紧紧抓住。长此以往，这种频繁的恋爱实际上是对自己的一种巨大消耗。

从高粱飞的生活经历中，心灵老师迅速捕捉到了问题的根源。

高粱飞在比较小的时候，就察觉到自己的家庭不对劲，他总感觉自己的家庭要破裂，担心爸爸有一天不会再回到这个家，担心妈妈彻底放弃这个家。尽管他并不清晰了解大人们之间的事情，但孩子特有的敏感让他深切感受到家庭正面临巨大的危机。

他虽然衣食无忧，物质生活非常富足，但是，他的精神世界依然非常匮乏。加之曾经遭受的校园欺凌，让他的内在安全感极度缺失。因此把自己吹嘘得非常厉害，会表现出极端的狂妄，他这种狂妄，只是表面上的；而另一方面，其实内心极度自卑；同时，他内心深处隐藏着深深的悲伤，每当提及家庭或恋爱中被分手的经历，他都会泪流满面。

高粱飞逐渐地敞开自己的心扉，随着他情绪的流动，在真实地面对自己内心世界的时候，很多负面情绪也得到了清理。心灵老师觉得这个孩子确实需要一番心理建设，用专业的力量帮助他从现在的泥潭中走出来。需要让他对自我有更多的认识，建立自我价值系统，同时还要深度缓解内心深处与爸爸妈妈以及那些所谓的曾经伤害过他的老师们的关系。

此外，他还需要建立一个良好的情绪管理模式，能够懂得如何去构建和谐的人际关系，与老师和同学之间更和谐地相处，并有效避免群体冲突事件的发生。同时，要帮助孩子从虚拟世界里走出来，从对手机深深的依赖状态中走出来，平衡在现实世界和虚拟世界的精力。

在这次深入而真挚的交流中，高梁飞感受到了一种前所未有的释放。这么多年以来，他还从未向任何人如此坦诚地坦露过自己的内心世界。他相信未来自己能变得更好，更好地去面对他的生活、面对自己的家庭、面对老师与同学、面对学校……

第八章　流动的爱

爱，这个世间最为动人的词汇，赋予了世界无尽的美好。在人生的旅途中，很多人都在经历着"爱"与"被爱"。可是在家庭里，在亲人之间，这个最应该产生爱的地方，最应该因为爱而感受到美好的地方，却常常上演着各式各样的伤害。仿佛亲人间的爱被某种毒素侵蚀，或是被无形的障碍阻挡，无法正常地流淌。

在王淼的感觉中，就是这样。在和杨正分开的日子里，她深刻地体会到了这种情感的矛盾，两人分开之后，她与孩子及母亲生活在一起，彼此之间尽管都充满着爱，但家庭氛围却时常紧绷而压抑，动不动就爆发激烈的争吵，亲人间的怒火难以遏制。每个人的心里都感到无比的委屈，感觉在这场爱的行动中付出了很多，换来的却都是伤害与误解。正如爱本应是滋养心灵的甘露，此刻却似乎变成了带刺的荆棘。

在经历与原生家庭的深度和解之后，王淼的心慢慢打开了，她开始感受到家庭中的爱意，那是一种空气中都弥漫着爱的氛围；她开始感受到爱的能量正缓缓地在家庭中流动，这与过去那些带有占有、索取和控制意味的"爱"截然不同。她也开始更加关注女儿的内心感受，并引导母亲不要过多地干涉自己对孩子的教育。

回想起杨晶小时候，由于王淼和杨正工作繁忙，女儿有几年主要由姥姥照顾。随着杨晶的成长，姥姥仍会不自觉地沿用旧有的、自己习惯性的管教方式教导杨晶，而隔代人的各种观念差异很大，这导致杨晶有时会对姥姥的管教感到厌烦。所以王淼渐渐地树立了一定的边界，这样她才能够更好地经营现在的小家，同时也让母亲慢慢放下对他们生活细节的过度干预……

王淼的内心经历转变后，看到女儿的时候，也感觉不一样了。以前女儿很多的行为在她眼里都是毛病，但是她现在能够用更加包容和理解的心态去接纳。

以往，每当母亲对杨晶的关心中带着唠叨，她的第一反应总是抗拒与烦躁，认为这些只是老年人无意义的重复。但现在，当她再听到妈妈的唠叨时，能从唠叨的背后感受到爱的存在。而这一切的变化，源于她对爱的理解有了全新的升华，开始在爱的实践中有了不同的体验和感悟。王淼第一次深刻体悟到，当一个人内心发生变化时，周围的世界也会随之焕然一新……

从王淼对待家庭感受的变化中，我们有深刻的感悟："爱"不可以作为筹码。

通常，在亲子交流中经常看到一些这样的对话场景：

家长说：你要乖乖的啊，表现好了妈妈就喜欢你，要不就让警察把你带走……

家长说：你成绩怎么这么差，真让我丢面子，我怎么生了你这样的孩子……

家长说：我是你爸爸，你就应该听我的，再不听话我揍你……

这些家长就是把对孩子的爱作为了一种筹码。

其实，家长对孩子的爱超越一切事物，应该是孩子在这个世界上永远不会失去的东西。因此，不应随便地用它作为要挟或交换的筹码。

这份爱是孩子在成长过程中最大的信心及活力的源泉。因此，孩子必须对这份爱没有任何怀疑。这份爱如果在家长的言语中表现出带有条件的话，孩子会对亲子关系的崇高程度有所怀疑，因为这份爱是亲子关系的基础和支柱。家长若对孩子开出条件，把这份爱作为筹码，孩子他日也会把对家长的爱作为筹码。

作为家长能够为孩子打造一个温暖友爱的家，会很利于孩子的心理健康发展。家长要营造出这样的家庭环境——

互相尊重：每个成员都有自己的地位和生活空间，并且受到尊重。

心态积极：每个成员都有正面、积极的心态，充满信心及活力。帮助孩子发展出这样的心态，是家长的责任，也是家长面临的真正挑战。

崇尚互爱：信任、支持、爱。

各担己任：每个成员都诚实，对自己的行为负责。

允许差异：共同助人，鼓励思考。

第一节　当爱已成往事

阳光斑驳地穿透树叶的间隙，洒落在一家温馨的小冷饮店外。店里面装饰得简约而不失雅致，几幅手绘插画挂在墙上，为空间增添了一抹文艺气息。

王淼与杨正面对面坐在靠窗的位置，桌上放着两杯刚点好的冷饮。杨正面前的是一杯清新宜人的柠檬薄荷冰茶，上面漂浮着几片嫩绿的薄荷叶，看起来就让人心情大好。而王淼的面前则是经典的巧克力奶昔，浓郁的巧克力香味混合着冰凉的奶泡，让人忍不住想先尝一口。

他们相视一笑，随后各自低头品尝着手中的冷饮。这样的约会，简单而美好，就像那杯冷饮一样，清新又甜蜜。

此情此景，不禁让王淼回忆起与杨正恋爱的时光。两个人第一次正式约会，也是在这样的小店中，也是这样的感觉，唯一不同的是，当时他们两个人并排坐在一起，除了品着手中的冷饮，王淼还会时不时地把头靠在杨正的肩膀上，一同望着窗外来来往往的行人。她那时候感觉自己是这个世界上最幸福的人。可这次虽然身处同样的场景，但是心境却大有不同了。这次是王淼主动邀约的，也是在他们分手之后，王淼第一次和杨正的约会。

近期，因为女儿杨晶的问题，王淼与心灵老师进行了很多次深入的交流。在这些交流中，她逐渐意识到，无论她与杨正的关系未来走向如何，她都有必要与杨正进行一次深入的交流，以确保能更好地陪伴杨晶成长。

王淼缓缓抬起头，目光温柔地望向杨正，轻声说道："以前我也有做得不对的地方，太过任性。但是面对你那时候充满暴力的言语和行为，我也实在无法忍受。现在，所有的这些事情都过去了。为了晶晶能够健康成长，也希望我们以后能够各负其责，共同给予她满满的父爱与母爱。"

"但是你放心，我不会干扰你的个人生活。"王淼顿了一下，又马上补充了一句。

杨正心中微微一震,马上回应道:"我没有什么个人生活,其实还挺怀念我们刚认识的那些日子,难道再也回不去了吗?"

听着这话,王淼内心有一丝的触动,眼眶中闪过一丝泪光,但她很快恢复了平静,对杨正说:"回不去了,无论好的与不好的,无论是美好还是遗憾,那些时光已经成为过往,我们都只能继续前行,而且我也不想再步入婚姻生活。"

杨正闻言,说道:"以你的条件,找到合适的伴侣应该不难。我自认为,或许已经配不上你了。"

王淼紧跟着解释开来:"哪有什么配上配不上一说,只不过现在我不想再把自己扔进婚姻中去了。也许是我想过一些稍微自由的日子,不想再被婚姻束缚;也许是经历过前面的事情,我感觉到有点累;又或许是我本身就不适合婚姻……反倒是你,如果有一个伴侣在你身边照顾会更好一些。"王淼所言的确是肺腑之语,尤其是近期,随着自我认知的加深和内心的成长,她不想再找个伴侣去寻求所谓的安全感了,更不愿因情感纠葛而使自己陷入困境。

杨正苦笑着摇了摇头:"再说吧。对了,最近几天我没有看到晶晶,她怎么样?"

"最近挺好的,成绩提升了,跟同学之间的相处更融洽了,最重要的是她变得更开心了,能很好地管理自己的情绪,我们之间的关系也和谐了许多。"王淼轻松地回答道,有一种如释重负的感觉。

"那挺好,"杨正说,"周末让她去爷爷奶奶家吃个饭,玩一玩。"

"到时候你直接去接她就好。"王淼回应道。

……

两个人聊着天，感觉时间过得很快。彼此还聊到各自的工作状况和生活状态。不知不觉间，两个小时悄然流逝。这时候，杨正的电话响了。王淼知道，杨正的工作是需要随时候命的，所以就跟他讲，"你去忙你的吧，以后照顾好你自己。只有照顾好自己，才能更好地爱你的家人，爱你的女儿。"

杨正点头道："你也照顾好自己，生活中有什么需要帮忙的，随时告诉我。"

听到这句话，王淼的心又柔软了一下，但是她忍着，眼泪没有掉下来。她起身收拾东西，轻轻地说了一声再见。

虽然他们已经分手很久了，但是今天，王淼才觉得这更像是一次正式的分手，也是一次和平的分手。她内心里很多的爱与恨，都化为了平静，也化为了对杨正深深的祝福。看着王淼走出冷饮店的背影，杨正有一种想要冲上去抱着她的冲动，但他还是冷静下来，他知道，他们之间真正地结束了。

带着既怅然又释然的心情，杨正走出了冷饮店。很快，两人的身影各自消失在街道的尽头。

第二节　下厨

梁小芬接上放学的高梁飞回到家中，却意外地听到厨房里传来了切菜的声音。她心中纳闷，按常理，这个时候王姐不应该在家，那究竟是谁在准备晚餐呢？带着疑惑，她走到厨房门口，看到穿着围裙的高志远正在里

第八章 流动的爱

边忙活。

这个男人站在厨房里,身穿简单的白色围裙,看起来既专业又居家。他专注地盯着手中的食材,手握锋利的菜刀,手法娴熟地在案板上操作。每一刀都切得精准而有力,仿佛是在进行一场精妙的艺术表演。随着他手中灵巧的动作,食材被均匀地切成了一片片、一丝丝,整齐地摆放在盘子里。

接着,他打开了炉灶,调节好火候,将锅具放在上面预热。

梁小芬看呆了,出神地一动不动,在旁边站了好一会儿。这时候高粱飞过来了,他大声叫了一声:"妈,你在看什么呢?"这个时候梁小芬才缓过神来,同时也惊动了正在认真做饭的高志远。转身看着妻子与儿子,高志远倒是有点儿不好意思了:"你们是不是看着我这个样子不习惯?"高粱飞接了一句:"的确,今天不知道刮起了什么风。呵呵……"梁小芬笑道:"是啊,很久没有看到你穿围裙的样子了,上一次还是高粱飞出生之前呢。对了,你今天不是还在出差吗?"

"确实是在出差,还剩下一些收尾工作,我就安排给别人处理了,先提前赶回来了。今天不是你的生日嘛。"高志远解释道。

近些年来,梁小芬的生日总是少了全家团聚的温馨场景。虽然每年都会收到高志远精心挑选的价值不菲的生日礼物,但是像今天这样子,亲自下厨为她准备晚餐,倒真的是一个意外的惊喜。

"需要我们帮忙吗?"梁小芬问道。

高志远摇摇头:"你们休息一会儿吧,不需要帮手,我一个人能搞定,你们再等一会儿,预计一个半小时之后就可以吃上丰盛的晚餐了。"

高粱飞看着爸爸忙碌的身影,虽然还想再调侃几句,但是同时内心有一种暖暖的感觉升起,至少他知道爸爸的这个举动一定会让妈妈很开心。

个把小时以后,经过一番精心的烹饪,一道道美味菜肴摆上了餐桌:清蒸石斑鱼、香辣蟹、蒜蓉芝士焗龙虾……清蒸石斑鱼鲜嫩可口,香辣蟹鲜美诱人,蒜蓉芝士焗龙虾更是香气扑鼻……

看来高志远是颇费了一番功夫的。今天的晚餐,显得既温暖又隆重。当他们正准备吃饭的时候,门铃响了。是高志远特意预订的蛋糕和鲜花送达了,真是恰到好处。

这让梁小芬感受到了高志远的用心,尽管这次没有其他昂贵的礼物,但是这样的氛围不正是她最渴望的吗?餐桌上,高志远举杯向寿星致意,深情地对梁小芬说:"生日快乐,希望你每天都能快乐。以往对家里我做得不够好,忽略了很多。辛苦你对家庭的付出。我以后争取给予家庭更多的关注和照顾,包括对小飞的关爱。"

在一片欢声笑语中,梁小芬度过了一个极其美妙、极其温暖的生日。这一夜,三个人都睡得格外安宁,就连高梁飞也做了一个美梦,梦中他的脸上绽放出了久违的、难以掩饰的灿烂笑容。

第三节　长不大的妈妈

自从与方雨琪交流完之后,心灵老师深感有必要与方雨琪的母亲进行一场单独的对话,共同探讨孩子的问题。当然,在决定这么做之前,心灵老师也非常尊重地征求了方雨琪的意见,同时告诉方雨琪,这次和妈妈的交流,不会泄露她的隐私。但是在方雨琪的疗愈中,涉及需要妈妈做调整的部分，需要明确地跟妈妈沟通。当妈妈同步作出调整改变时，她的恢复速度会更快，因为妈妈是她生活、学习的重要参与者。在一开始心灵老师征求意见时，方雨琪表示了强烈的抗拒，抗拒的原因是：在她心中，母亲是一个固执己见、自私自利且不愿改变的人。

心灵老师理解孩子的担忧，耐心地说道："我能感受到，在与妈妈的相处中，你十分痛苦。但你知道吗，关系中的感受是相互的，也许妈妈也在经历着同样的痛苦。为了改善你们的关系，让家庭氛围更加和谐，我们需要相互了解，并愿意为对方作出一些调整。只有这样，生活才能朝着更好的方向发展。"

最后，孩子同意了这次与母亲的交流。

由于方雨琪这次决定接受心理治疗并未直接告知母亲刘艳，而是选择告诉了周叔叔，这件事情是瞒着妈妈的。因此，需要通过周叔叔来向刘艳说明这一情况，让妈妈知会这件事情。

经过反复的沟通，终于确定了心灵老师与刘艳的见面时间。当刘艳坐在心灵老师面前时，其身上散发出的气场让心灵老师立刻感受到了她的焦虑与混乱。刘艳整个人显得既不安又带有一种威压感，似乎内心充满了挣扎与矛盾。

心灵老师平静地看着她，缓缓开口，"因为孩子目前正面临着比较严重的心理困扰，所以她选择了向我们求助。我们之间做了深入的交流，我发现孩子的心理问题确实不容忽视，除了她自己需要接受治疗和调整之外，家庭的配合也非常重要。在影响孩子的众多因素中，和妈妈的关系是一个尤为突出的点。对孩子来说，在复杂的成长环境中，孩子承受了某些她难以负荷的压力……"

刘艳一边听，一边极力想要掩饰和解释些什么："没有啊，我觉得我们家挺好的，我们家什么问题都没有，生活也很简单，怎么会很复杂呢？我们家真的过得挺好的……"她的语气中带着几分牵强，就像是做错了事的孩子，在被人发现后，慌忙地为自己的行为寻找借口。看着她那急于解释、掩饰的神态，心灵老师心中有了更深的感触。这位母亲的心智显然还比较幼稚，不够成熟。如此一来，此前她与孩子相处时出现的种种不合常理、令人费解的奇葩行为，也就不足为怪了。

心灵老师说："是的，也许在你的感觉中是很好、没有问题的，但在孩子的内心深处，她却感受到了极大的痛苦，甚至产生了自杀的念头，这确实值得深思。"刘艳闻言，立刻反驳道："我们都对她很好呀，就是她自己感觉不到爱，感受不到别人对她的好……"说着，她的眼眶渐渐泛红，声音中透露出满满的委屈。

心灵老师静静地注视着眼前的这位妈妈，心中暗自感叹：当一个家庭出现问题时，绝非偶然，而是家庭成员性格、沟通方式等多种因素交织在一起的必然结果。此刻，刘艳正沉浸在自己的情绪中，试图通过辩解来维护自己作为母亲的尊严和付出。

心灵老师没有打断她的解释，而是耐心地等待她说完。

心灵老师知道，聆听有时候比说教更有力量，能够让人在倾诉中逐渐意识到自己的问题所在。而她要做的，就是在适当的时机，给予刘艳一些建议和指导，帮助她走出迷雾，重新审视并改善与孩子的关系。

心灵老师的话语如同一把锐利的刀，精准地剖析着家庭中的问题所在，同时也像一股温暖的风，试图吹散刘艳心中的迷雾："正如我所说，每个人的感受都是不一样的。事实是现在孩子感觉到了不舒服，也许您认为您的所作所为对孩子是爱,但是在孩子的感受中,这些言行带给她的却是痛苦和伤害。比如,你会因为心情不好就肆意地把负面情绪发泄在孩子身上,从孩子很小的时候就开始打骂。在和孩子发生争执与冲突时,你用打自己的方式,甚至用跳楼自杀等方式去威胁孩子,让她对你顺从。从你和前夫闹矛盾、闹离婚开始,你就开始让她夹在你和前夫之间,让她去做本应该是你们大人要面对的事情。一个孩子的心理承受能力是有限的,从那么小开始,她承受了太多本不属于她的压力和伤害,才会走到今天这一步。而孩子能够寻求专业的帮助,这恰恰说明孩子有自省的能力,她知道只靠自己的力量,无法摆脱困境,没有办法拯救自己,她担心会做出伤害自己或伤害家人的事情,从而导致不可控的后果。所以,她希望自己得到成长。孩子都有这样的自觉和自省的能力,为什么家长却没有?却还要一味地掩盖真相,而不愿正视问题呢?"……心灵老师停顿了一下,喝了一口茶水,接着说:"雨琪妈妈,我知道您在生活中一定经历了许多不易,重组家庭必然伴随着诸多矛盾和挑战,需要你去平衡,你一定也付出了很多,但是今天,我们不是在这里指责或嘲笑任何人,而是希望通过坦诚的交流,真正地面对问题、解决问题。"

听心灵老师说到这里,刘艳的泪水如决堤般涌出,开始呜呜地哭了起来……心灵老师一边给她递纸巾,一边默默地陪着她。她需要一个这样的宣泄窗口,把自己真实的一面表露出来。她一边哭,一边诉说着自己的各种不幸,也诉说着孩子们对自己的各种不理解,还抱怨命运的不公……

心灵老师知道,这一刻的刘艳是真实的、脆弱的,也是渴望改变的。

心灵老师静静地注视着刘艳,心中不禁为方雨琪感到一丝难过,"真是难为这孩子了"。有这样一个心智不成熟、常常将自己视为受害者、无法承担责任、遇到问题就退缩并将孩子推到前线的母亲,并且自己心情不舒畅的时候,还把情绪都宣泄在孩子的身上。方雨琪的成长之路无疑充满了艰辛。

然而,看到刘艳今天能够展现出这一真实而脆弱的一面,心灵老师知道,这正是因为她之前展现出的同理心以及温柔而坚定地指出问题所在起到了作用。刘艳开始愿意面对自己的问题,这是一个好的开始。

当刘艳说出"我们文化不高,不知道怎么教育孩子"时,心灵老师温柔地回应道:"教育孩子,用心地爱孩子,和文化程度没有绝对的关系,最重要的是,作为父母,我们是否能够意识到自己在陪伴孩子过程中存在的问题,是否愿意正视这些问题,并且去努力地调整自己、成长自己。"

刘艳听后,有些沮丧地说:"我们真的是不会做,也学不会,我们没有什么文化,不像你们说话都那么好听。"

心灵老师一听就知道,这又是要撂挑子回避问题的节奏,温柔而有力地回应道:"今天我们交流的目的,就是希望你能清楚地认识到在陪伴孩子的过程中究竟出现了哪些问题,并探讨未来如何更好地与孩子相处。从前不会,但是现在可以学!如果你仍然选择看不到自己的问题,不愿承担作为父母的责任,不能够主动站起来寻求成长,那么孩子们将会在这个家庭中受到深远的影响,每个人都可能因为频繁的家庭纷争而陷入痛苦和纠结之中。"

心灵老师的话语充满了深切的关怀与智慧,继续说道:

"现在方雨琪已经到了这个年龄,从前所发生的事情,没有办法再重来一遍,但是从现在开始,你要调整自己的言行,不能再对她产生新的伤害,否则后果不堪设想。""首先,你要学着去管理好自己的情绪。只有管理好自己的情绪,才不会无端地制造冲突,才不会无端地把自己的情绪发泄在孩子身上,你要知道,当亲子关系出现裂痕,当彼此之间的感情破裂、被撕碎的时候,当孩子感受不到来自父母的尊重的时候,她也可能会把对你作为母亲身份的基本尊重也完全地撕碎,这在亲子关系中并不罕见。所以,学会管理情绪是首要任务,作为成年人,你需要有自制和自控力,不能总是成为冲动的俘虏。""其次,对于你们家庭里属于成年人的事情,要通过成年人的沟通和交流去解决,那是你们自己的事情,是你们自己的责任。不要再把孩子推在前面,逼着她去为你争取利益和权利,不要再让孩子承受本不属于她的压力和痛苦。""再次,找个合适的时间,好好地和孩子进行敞开的交流,把自己的心里话告诉她,但是不要一逮着孩子就一味地诉苦,告诉她你的命运多么的悲惨,告诉她你多么的不幸,告诉她你多么的不容易,多么的艰辛。这些东西孩子们听过一遍就够了,如果经常在她耳边讲,她对生活的感受和看法会变成什么样?她会觉得生活是如此的苦涩,感受不到阳光与美好……所以需要彼此敞开地交流,让孩子看到你的内心,表达你对她的关心,告诉孩子你的行为里都包含着什么样的情感。也可以去听一听孩子怎么看待你,怎么看待你的管教,怎么看待你的爱。只有通过这样的交流,才能够让你们彼此之间了解的更多,才能够寻找到适合你们的相处模式,这样才能够停下彼此之间的纷争。当然,仅仅这一项改变并不能解决她所有的问题,但它能拆除在生活中对她造成的很多精神枷锁和伤害。""记住,作为母亲,你的言行举止对孩子有着深远的影响。为了孩子的健康成长,请努力调整自己,成为她坚实的后盾。"

刘艳听后,眼神中闪烁着复杂的情绪,既有愧疚也有决心。她明白,为了孩子的未来,她必须作出改变。

刘艳此刻的眼神开始不再躲闪，也不再遮掩，开始真正用心领会心灵老师的话。并且非常真诚地说："确实，我知道，我不是一个好母亲。我承认，我做了很多伤害她的事情……"

心灵老师柔和地回应道："任何时候开始觉悟都不晚，只要我们诚心去面对，是能够把家庭生活越过越开心，越过越和谐的。方雨琪是个很不错的孩子，她很有想法，对自己有要求，也希望未来能够成为一个优秀的人，成为弟弟妹妹们的榜样。"

听到这里，刘艳的眼眶微微泛红，她感激地说："心灵老师，谢谢您，今天的交流让我有了很大的反省。我会努力改正，争取以后做得更好一点……"

离开心灵老师的工作室后，刘艳心里就已经开始琢磨，如果雨琪这个星期回到家里，自己该做些什么来改善彼此之间的情感和沟通……

第四节　女人的柔

康丽丽曾无数次地萌生过与赵默离婚的念头，因为她感觉这个男人太窝囊，这个男人配不上她，更将他视为自己生活不幸的根源。但是这段时间她的心态开始慢慢地发生改变。

她想，无论出于何种原因，他们两个人有缘结为夫妻，走到了一起，而且还有了赵天宇，这便是命运的安排。尽管赵默不像她理想中的男人那样能干，能为她提供坚实的依靠，能够为他撑起一片天空，但是扪心自问，赵默也没有什么特别大的过错，既不抽烟也不喝酒，也没有什么恶劣的行为，就是生活状态让她太受不了。但是这现状的背后确实也和自己是有关系的。她深知赵默因学历问题而在外人面前显得很自卑，而从相处以来，直到现在，她没少拿这个事情刺激赵默，同时在她的内心深处没有把赵默当成自己的丈夫，也没有给予他应有的尊重。

近年来，在赵默面前，她也很少展现出一个女性的温柔。所以赵默变成今天这个样子，她也是有责任的。在赵天宇接受心理干预的这段时间，她也接触到了成长的理念，开始思考应该做一个怎样的妈妈，做一个怎样的妻子，能够让家庭更加和谐的发展。康丽丽果真是个行动派，一旦心态调整过来，便迅速付诸实践。赵默和赵天宇都发现最近康丽丽变了。而康丽丽也觉得，自己有变化，而且是自然而然的，不是刻意展现出来的。

康丽丽看赵默的眼光开始不一样了，也许在以前，她从来没有认真看过或者感受过这个男人。今天休息在家，她看到这个男人一丝不苟地打理家务，他满怀热情地投入每一件日常琐事中，无论是清扫房间，还是在厨房里为他们烹饪美食，甚至将阳台上晾晒的衣服逐件取下，细心分类折叠后整齐地放入衣橱。这些场景在过去也屡见不鲜，但是今天当康丽丽用心地去观察、去感受的时候才发现，其实赵默对这个家是有爱的，对他们也是如此。只是这份默默的付出，从未被她留意，或是在她心中，赵默的这些付出似乎微不足道，根本不算什么。

午餐过后，赵默从厨房端出水果，三人围坐一起，康丽丽出人意料地起身倒了一杯水，递给赵默并温柔地说："老公，我听到你有些咳嗽，还是喝点热水吧！"这个在康丽丽认为很自然的一个举动，却让赵默心头一惊。印象中，从来都是他给康丽丽端茶倒水，而像今天这样的主动关心还是第一次，至少是近些年的头一遭。赵默心里一股暖流，就这样一个小小的举动，居然会让他感觉到无比的温暖，也许他的内心早已千疮百孔，只是他从未以歇斯底里的方式宣泄过。

或许是因为自卑，赵默认为自己无论遭遇何种待遇都是理所当然的，谁让他没有能够为家里的经济做贡献呢？午餐后的水果时间，唐丽丽有说有笑，不断称赞中午饭菜的美味，还对赵天宇说："我们真幸福，有一个厨艺超群的爸爸，这样一来，我们就不用经常叫外卖了，能省不少钱呢，而且也吃得营养、吃得健康。"

赵天宇也难得地附和着妈妈："是的，我也觉得爸爸做得好吃，如果爸爸真去当厨师，我想他做的菜能吸引很多顾客呢。"两个人一唱一和，对赵默的劳动成果赞不绝口。

是啊，有的时候，在家里那些琐琐碎碎的付出总是会被忽略。一个全职奶爸就像一个全职奶妈一样，他的价值是会被忽略的。没有人知道在这个过程中他做了多少事情，因为这些事情在所有人看来都是理所当然的，这些事情本身无法直接创造出任何经济上的价值。

在当今社会，他这样子默默无闻地为家庭作出的贡献，就更加显得微不足道。他多么想自己也可以为家里增添经济收入，但是这么多年，他仿佛一直蜷缩在角落里，既走不出去，也不相信自己能做到。

作为一个男人，要支撑一片天空，他确实负的责任不够，因此要让康丽丽承受比较大的经济与精神的压力。所以他下定决心要突破自己，也许这个过程会很难，或者会很慢，但是他总应该给自己一个尝试的机会——走出去。

这是非常平凡的一天，也是不平常的一天。在这一天的相处中，每一个人都感觉到了家的温暖，都感觉到了家庭带来的力量。无论过去经历了什么，他们都相信，每个人都能突破自我，成为更好的自己。

这一晚，赵默和康丽丽在床头说了很多话，两个人把这么多年的积怨，内心的不满都完完全全地"掏出来"，而且是平和地掏出来，不像平时那样歇斯底里地向对方扔着"炸弹"……

今晚，月光皎洁，透过窗户洒满房间，康丽丽的心中也泛起了一丝幸福的感觉，她觉得，这样的生活，挺好……

第九章　灵动天使

火热的夏天伴随着火热的高考款款而来，举国上下都为这场重要考试让路。高考期间，教育、公安、网信、工信等多个部门密切联动，共同为高考学子保驾护航。全国各地都弥漫着浓厚的送考氛围，家长、老师、亲友以及社会各界人士纷纷为考生加油鼓劲，送上真挚的祝福和美好的祝愿。有的地区甚至出现了校车护送考生、警车开道护航等温馨感人的场景。

在高考人数最多、学习最卷、考生最苦的H省，呈现出一个"热情如火"的场景。太阳就像个大火球，悬在头顶，把大地烤得滚烫滚烫的。家长们一个个都站在考场外面，有的撑着遮阳伞，有的戴着遮阳帽，还有的拿着小扇子不停地扇着风，但汗水还是不停地从额头滑落，浸湿了他们的衣服。他们的脸上写满了焦急和期待，眼神不时地望向考场的大门，希望能在第一时间看到自己的孩子走出来。有的家长还会聚在一起，轻声交谈着，分享着彼此的心情和感受。尽管天气炎热，但他们的心更热，因为他们人在考场外，心却在考场中，尽管什么都不能做，但是他们只有站在离孩子最近的地方，才感到更安心。似乎，只有当心一直牵动于考场时，它才找到了最佳的安放之地。

于亮就是 H 省近一百五十万名考生的其中之一，张琴和于萧此刻也都在考场外焦灼地等待着。

在考试之前，于亮又在心灵老师那里做了一次心理建设，调整了面对高考的心态，心灵老师使用"心凌全息意象法"，让于亮体验一个从容不迫的高考，这些对他的心态稳定性会有很大的帮助。

此时的于亮正在考场中专心致志地进行着思考，在鸦雀无声的考场中奋笔疾书，一刻不停地挪动着自己的笔尖……至于结果如何，他来不及多想，他用心灵老师告诉自己的心态去面对：全力以赴去做自己所有能够做到的，剩下的就是等待最终的结果，因为全力以赴，所以无论任何的结果都是无憾的……

高考即将落幕，不久之后就会出现几家欢喜几家愁的局面。

第一节　生命的活力

经过心灵老师对孩子情绪状态的处理，这段时间方雨琪自杀的念头已经没有了，逐渐恢复了生命的活力，胡思乱想的状态也大有改观。当然，谈到家庭的时候，她仍然感到头痛不已，也会忍不住跟心灵老师抱怨妈妈那种种让人心烦的言行。

"每个人都有自己的思维模式以及与人互动的方式，对你妈妈而言，几十年下来，她的模式逐渐形成并固化，所以改变起来难度会更大，但是要相信她，给她时间。"心灵老师平静地跟方雨琪说。

"可是老师，我实在有点等不及，每次回去，只要看着她的脸我就反胃，那种表情就像每个人都欠她钱一样！每次回去，听到她口无遮拦，说很难听的话的时候，我就感觉特别的烦躁，内心很多压抑的负面情绪就又逐渐燃烧起来，甚至有时还会感觉到头痛、胸口发闷、呼吸困难，我该怎么办？"方雨琪一脸愁云地表达自己的困惑。

"现在这个时期，要想让妈妈在每方面做得很好，可能性也不是很大，但还是有方法去避开与妈妈正面冲突的。如果你看到妈妈的表情，或者听到她说话都会很难受，你也可以暂时地回避一下，比如回到自己的房间里，让自己静一静，或者去做其他的事情，不要把过多的注意力放在她身上。这样至少会减少你因她而诱发的情绪的累积，也避免情绪的发作。"心灵老师温和地看着她说道。

"但是有时候避不开啊。我想避开她，不想跟她说那么多话，但是她有时候会缠着我一直说个不停。她说的话都很消极，让我感觉特别难受。有时候讲她的心情多么糟糕，有时候抱怨弟弟不听话，或者讲她在外面和别人之间发生争执的一些事情，这些都让我感觉到特别的难受。在我眼里，她这个人本身就很差劲，因为在外面她会经常无端地和别人吵架，哪怕因为很小的事情。我真不知道她天天哪来那么多的怒气，总是无缘无故地发火、暴怒。每次听她说话，看她的表情我都感觉像在吞垃圾……所以每次她说话，我都不愿意听，都会特别烦……"方雨琪一边皱着眉头，一边表达对自己有这样一位妈妈的无可奈何。

心灵老师说："我能理解你的心情，很多事情都需要一个过程，你们之间关系的改善也需要时间，对她现在的状态，需要用一种包容和接纳的心态去对待。尽管你妈妈做得确实不太好，但是她也有她的痛苦和难处。

至少对她而言，所有的这些行为都是不自觉而发展起来的，不受她控制。而且你想想看，一个经常出去和别人吵架的人心里会开心吗？她也一定是很痛苦的，但是她又管不住自己。所以从某种程度上来讲，妈妈也是一个病人，只不过是她不自知而已。"

方雨琪说："我现在也不算是很健康的状态，我不能因为她有病而一味地去忍受她。"

心灵老师说："是的，肯定不能一味地去忍受，但是你要看到，她所有让人不舒服的表象背后都是有原因的。理解到这一层，等你再看到她的一些不当的行为时，你就会知道她有时是不自主的，不是故意的，这样也会减少你对她言行的应激反应状态。

"另外，面对妈妈这种情况，你还可以提前把自己的心里话告诉她，可以跟她讲：妈妈，这段时间，我的状态不是很好，需要比较安静的环境，我们之间尽可能少一些交流。如果需要我做什么事情，你告诉我一声就成。用这种提前知会的方式，打个预防针，也许妈妈就能够理解你的想法并减少相应的行为。这样对你来说，也是一种保护。

"还有一个呢，就是继续成长自己。当你迅速成长起来的时候，面对周围很多的刺激源，你会更加淡定。面对妈妈的各种言行，相信你会有更好的方法去回应和处理。"

方雨琪一想到母亲的那张脸，感到很无奈，但是怎么办呢？还必须和这样一位母亲走下去。心灵老师看到了她的无奈和犹豫，接着跟她讲："是的，和亲人之间的和解，尤其是生自己养自己的父母之间关系的和解，很不容易。看似是亲人，但是又有许多的无奈之处，这对很多人来说是一个挑战，但也是一个成长的机会。一个人能够在亲密关系中、家庭关系中和解与超越的话，那么未来很多的人际关系对自己而言都能自若应对，这对每个人的心智都是一个考验。一旦穿越过去，家庭中的每一个成员都会从中获益。以前有一个孩子也是和妈妈关系很糟糕，她把很多实践的方法用于应对和妈妈的相处上，把与妈妈的相处当作对自己的一种考验，当自己能不受妈妈干扰与刺激的时候，就能和大多数人之间和谐相处了。"

方雨琪说："好的，老师，我知道了，我会尽可能地去调整自己的状态，尽可能减少家庭对我的干扰和伤害，更好地恢复自己的状态，快速地成长。"

"孩子，生命的成长确实是一件不容易的事情，在你过往的生命旅程中，感受更多的是痛苦，但是当你内心真正强大了，当你内心平静了，你就会感到不一样的生命品质，这是值得你去努力的。在一个氛围比较混乱、冲突交织的家庭里，确实很容易让人感觉到煎熬、无奈，想要挣扎却又无可奈何。但是所有的问题都是有解决方法的，这需要大家共同努力，当然也需要有人从这里边觉醒，比如说你感觉到了痛苦，感觉到这样下去是不行的，你就是那个觉醒的人，这就是家庭的希望。当你逐渐地成长起来，在某些时候，甚至你可以引领家庭的成长与变化，会逐渐地感觉到，家庭里那种纷乱的局面会慢慢地缓解和消散。"心灵老师语重心长地讲道。

方雨琪说："好的，老师，我希望我有这种力量，我真的不希望我的家庭再这样下去，我觉得继续这样混乱下去家庭会散的！"

心灵老师说："你要相信你内心的力量非常强大，只不过你还没有真正地发掘它，你要相信你自己。"

在今天的交流中，心灵老师已经感觉到了方雨琪是真真正正地想要改变，希望自己成长，渴望自己的家庭能够有变化。而且也能够感觉到这个孩子与人沟通和交流的氛围在变化。从最开始的那种极度敏感，有一个极度狭小的边界，到今天能够感觉到她的内心走进了一个更广阔的天地，至少在更多的层面，可以和别人发生真实的交集和思想的碰撞，这就是最大的变化！

第二节　为什么学习

心灵老师观察到，在高粱飞所表现出来的叛逆行为中，其中一个关键因素是他对学习抱有极大的误解。在高粱飞看来，学习并非为自己，而是为了父母和老师。所以他会把所有要求他学习的人都放在自己的对立面，不自觉地对所有期望他好好学习的人生出敌对之意。

尽管通过前期的干预，高粱飞已经停止了打架行为，也不再随意顶撞老师。即便还在悄悄地谈恋爱，但至少开始注意公众场合的影响。但在学习的动力方面，还是非常的匮乏。

他大多数作业都是抄的，或者干脆花钱请人代抄；上课也都是应付，大多数时间要么在开小差，要么在睡觉，总之效率极低。因此，心灵老师认为，迫切需要纠正高粱飞对学习的认知。

高粱飞向心灵老师表达了自己的看法："老师，我觉得学习没什么用。家长们都说好好学习以后就能找到好工作，过上好生活，但是我看到，像我爸爸的很多朋友，他们也没有上过什么太好的学校，也没有太高的学历，但是他们依然很有钱。所以我认为好的生活和学习之间也没有什么联系。再说了，我现在学习的这些知识枯燥无味，我也看不到这些知识到底对我未来的生活有什么样的使用价值。"

心灵老师说:"是的,不可否认,你所说的这种现象确实是存在的,比如说有些人尽管没有上过几年学,但是,他把社会作为自己的大学,在这里面广泛学习,不懈奋斗,也能够在经济方面取得显著的成就,过上别人口中所谓的'好生活',然而,'好生活'的衡量标准并不仅仅局限于经济状况。那我们再看一看,在这些创造经济价值的人群里,也有很多人是把知识变为了价值的一部分,你会发现他们也有很多通过学习、努力奋斗而创造价值。社会文明的发展,对人的基本素质、文化的要求是越来越高的。以往,也许是'人有多大胆,地有多大产',靠着胆大,也许能够乘着我国经济腾飞的快车先富起来。但是随着国内外产业结构发生变化,随着科技的发展,你会发现,无论哪个群体对文化的需求都变得更加迫切、标准更高。

"老师想阐述的观点是,首先,一个人的生活品质并不完全由收入或经济状况来衡量,缺乏文化知识的人或许也能赚钱,获得不错的收入,但总体而言,拥有对这个世界更深刻的认知和高水平的文化素养,对于更好地创造与改造世界是至关重要的。

"学习,往往被视为一个枯燥的过程,因为知识的掌握需要通过不断地重复与巩固,随着记忆而逐渐内化为自己的理解,这一过程可能显得乏味。但是学习同样可以变得有趣,关键是你怎么看待学习,你用什么样的心态去学习。如果一件事情是必须要做的,不得不做的,我们完全可以把它转换成一种更有趣的方式去对待。

"当你对待学习的态度不一样的时候,自然而然你就能够感受到每个学科的魅力,并从中体会到学习的乐趣。在逐一攻克每一个知识点的过程中，体验到满满的成就感。

"你们现在学习的每一个学科都是基础知识，它们如同基石，为你们未来学习更高层次、更专业的知识奠定坚实的基础。所以，在中小学时期，你们必须打牢基础，细细品味每一门科目，你会发现它们都能在现实生活中找到应用之处。比如语文，我们日常的表达、沟通、交流、写作，无不与之紧密相连。数学也是如此，从简单的购物计算到复杂的房屋建筑设计，再到数字化产品的升级，数学都发挥着至关重要的作用。再来看地理，无论是旅游时对地域、地形地貌的了解，还是其他诸多方面，都与地理息息相关。至于历史，通过学习历史，我们能够清晰地看到人类社会的发展脉络、跃然纸上的一个个鲜明的历史人物……"

高粱飞听着心灵老师的讲解，内心似乎受到了一丝触动和启发。在心里对于学习的抵触和厌恶感似乎慢慢地下降了。接着，他问道："心灵老师，我明白你所说的，可是人生活在这个世界上也可以不用学习呀，不用学习是不是也能够过这一生，也能够过一个比较好的生活。"

心灵老师说："宝贝儿，其实我们每个人生下来就开始在学习。我们不要把学习定义在比较狭隘的范围。并不是小学、初中、高中去学校上课的时候接受老师所教的知识，然后去参加考试，这才叫学习。而是，在我们生活中，时时处处都在学习。你去开一辆车，你去游泳，你去打篮球，你去做家务，所有的这些，都是一个学习的过程，也是一个实践的经历。

"在小学和中学阶段，我们经历的是一种形式的学习，学习和掌握基础知识，通过考试的方式被选拔进人才库。你想想看，如果这个世界没有学习，一个人生下来什么都不学，那他将会是什么样的一种状态？如果这个世界没有学习，那我们可能还停留在原始社会。我们的衣食住行不会有任何创新与进步。正是因为有了学习，我们才能积累以往的经验，站在前人的肩膀上，不断攀登，勇敢探索未知的世界，持续前行。

"学习其实为我们每个人提供了一种生活方式，如果这个世界没有学习，只剩下吃喝玩乐，我们想想看，那将是一个非常混沌、无聊的生活状态。而正是学习，让我们得以触及以往未知的领域，探索更为辽阔的世界。我们在读书的过程中，可以感受到一种充实的状态，能够有获得感，在收获中有所启发，那么就会有新的发明和创造，从而用我们所学的东西让这个世界变得更美好。

"所以一个人不单是要学，而且是要终身学习。

"考试成绩是需要的，因为你们现阶段选拔人才的标准是用成绩来衡量的，为所有考试的人员提供了一种相对公平的竞争方式。所以你需要考试，你需要有好的成绩，但是成绩绝对不是唯一的目的。在这个学习过程中，你的学习能力、认知能力都会得到训练，在学习实践过程中，你的认知能力会不断得到发掘和提升。若不加以运用，它们也会像一堆锈迹斑斑的铁，毫无用武之地。

"宝贝儿，你现在才只是初一阶段，这是个全新的起点，对你而言，充满了无限的可能性。哪怕是你现在学习成绩不好，哪怕你之前耽误了很多，哪怕你现在的起点很低。但是，只要你愿意开始，我相信你一定能够变得更好，拥有改变现状、实现梦想的无限机会。你的智商绝对是够用的，只是你愿不愿意把它用出来的问题。

"一个人最大的自由并不是随心所欲，一个人最大的自由是可以支配自己，能够身心合一，知行合一。当你认识到什么事情是正确的时候，你就可以做到它。当你想去什么方向的时候，你就可以去那里，这才是最大的自由。一个人最大的自由就是可以通过自己的努力去实现理想和梦想，而不是被自己的各项能力所限，永远达不到自己心中想要去的方向。所以，不妨静下心来想一想，你究竟想成为一个什么样的人？"

高粱飞说："我想成为一个非常成功的企业家。"

心灵老师回应道："很好啊，要知道，一个成功的企业家其实要具备很多方面的知识，同时也需要有社会责任感。所以你要为了你的这个梦想，脚踏实地地学习，未来在大学选择专业时，也可以围绕你的目标和梦想来进行，让它们更好地服务于你的长远规划。"

高粱飞点头表示："好的，心灵老师，我试试看，还能不能进入到学习状态中去，我愿意做一些改变。今天和您所交流的内容，让我感受到了前所未有的平等与尊重，以往从来没有人这样跟我说过。他们都在给我灌输很多他们认为的大道理，我一听耳朵就起茧，就很烦。我能感觉到，您没有像其他人那样居高临下，在您的交流中不存在任何的歧视。而是与我平等对话，这让我非常感动。所以，我尊敬您。我也愿意去尝试，让自己变得更好。"

心灵老师说："老师相信你，宝贝儿，一定可以的，只要你愿意。"

高粱飞那双总是阴郁的眼神第一次变得这么的明亮，那明亮分明是希望点燃的光芒……

第三节　专注

心灵老师发现，这些出现学习困难、学习动力不足、心理问题的孩子们，都有一个共性的表现，就是严重的注意力涣散。赵天宇就是其中之一。

赵天宇在学校的时候，思绪总是不受控制地四处飘散，胡思乱想，停不下来，对外界的刺激不断产生负面联想，这让自己很痛苦，而且难以自拔。强迫性的思维不但让自己在课堂上什么都听不进去，还让自己心烦意乱，情绪非常消极。他不断沉溺于悲伤、委屈、焦虑及压抑等负面情绪之中，这些情绪都是由他对负面思维的不断认同所诱发的。

得益于心灵老师的专业指导和支持，赵天宇逐渐摆脱了强迫性思维的束缚，注意力品质有了显著提升，这也让赵天宇在学校的学习状态有了很大的改善，让他的学习效率和自信心都有了明显提升。

看到赵天宇如今在校园中安然无恙、积极向上的模样，心灵老师深刻体会到，帮助孩子们培养良好的注意力品质至关重要，这本就是人类与生俱来的宝贵天赋。因此，她撰写了一篇题为《提升孩子的注意力，让孩子学习更专注》的文章，旨在让更多孩子认识并珍视这一能力。

提升孩子的注意力，让孩子学习更专注

什么叫注意？

注意是对人的心理活动和意识活动的一定对象的指向和集中，指向和集中就决定了注意的品质如何，直接决定了注意的品质高低。

什么叫注意力？

注意力是指在心理活动和意识活动中，拥有了对一定对象的指向和集中。个体能够维持对特定对象的指向与集中的能力。

例如，在上课学习中，学生的注意力应指向并集中于教师的授课内容，跟随教学节奏，积极思考并提问。

注意力的特性

注意力有广度性、稳定性、分配性、转移性等特性，这些特性对于注意品质的提升至关重要。

· 广度性：指个体在同一时间内能够注意到的信息数量。

· 稳定性：指个体能够长时间保持对特定对象的注意，不为外界干扰所分散。

· 分配性：指个体能够在多个任务或对象之间灵活分配注意力的能力。

· 转移性：指个体能够根据需要，迅速将注意力从一个对象转移到另一个对象的能力。

注意力无法集中的原因分析

No.1 生理方面

注意力的生理基础与大脑发育密切相关。例如，神经系统的不平衡可能导致注意力分散。当外部刺激作用于个体时，通常会在大脑皮层引发兴奋传导，进而集中注意力于该刺激。

当我们对一件事物产生反应的时候，在大脑皮层产生了兴奋的传输，就会把更多的注意力放在这上面，但是如果应该产生兴奋的，但是却抑制了，那么这个时候就没有办法发挥注意力集中的作用。

所以其中一个就是生理原因，可能是大脑发育不平衡导致的。

No.2 病理方面

可能是大脑受到了损伤，大脑损伤可能导致脑神经代谢异常，脑神经的代谢出现了异常，也会产生注意力不集中。

如果是脑损伤的部分，我们建议到医院找到专业的医生用一些药物来弥补。

No.3 心理方面

另外一部分是由心理问题造成的损伤。

心理因素也是导致注意力不集中的重要原因。长期的抑郁、焦虑、狂躁等心理问题可能对大脑造成轻微损伤，进而影响注意力。

那么家长会搞不清楚：那我的孩子是由于病理原因引起的还是心理原因呢？

家长可以陪伴孩子进行专业的心理评估，以获得初步筛查和精准反馈。

No.4 家庭教育

教育方式也会引发孩子注意力不集中，那么哪些问题会引起注意力不集中？

①教育理念分歧

当父母之间对孩子的教育方式存在分歧时，孩子可能会因缺乏明确的行为标准而感到困惑，爸爸可能会说"公有理"，妈妈会说"婆有理"，这个时候很可能孩子会产生注意力不集中，因为孩子不知道遵从什么样的标准，很容易被干扰。因此为避免这种情况，父母在教育孩子时应尽量保持教育理念的一致性，通过充分沟通和协商，形成统一的教育策略。

②太多玩具

在孩子成长过程中买太多的玩具，也会导致孩子注意力不集中。

当东西太多的时候，他也很可能被不同的东西干扰，可能孩子玩一个玩具，玩了几分钟就扔掉，很多的玩具就分散了孩子的注意力，孩子在专心学习这件事上，就会被其他东西牵扯。

③学习过程中的负面体验

有的厌学情绪严重的孩子，就会发现孩子在之前某个阶段出现了非常不愉快的学习体验，比如作业完成得比较慢，知识吸收得比较慢，受到了家长、老师的辱骂或者指责。

我们对什么东西比较注意呢？

就是喜欢的，感兴趣的，当孩子在学习过程中有不愉快的体验时，再去面对这样一个对象、一个事物的时候很容易出现注意力的缺失。

因为面对这个事情太痛苦了，干脆就不去面对，这个是在教育方式上造成孩子注意力不集中的因素。情绪不稳定，压力过大，甚至在情绪背后出现了心理问题，那么孩子注意力也是无法集中的。

无论是抑郁症、焦虑症还是双相情感障碍等心理问题都会引发孩子的注意力不集中。

那么注意力对孩子的身心健康以及学习都如此重要，如何提升孩子的注意力呢？

1. 明确每一节课的目的与任务

目的越明确，越具体，越易于引起和维持有意注意。为了达到目的，课前的预习是非常重要的。

通过预习对接下来的课程心中有数，并且带着问题就能提升有意注意的品质。

2. 带着兴致

对于绝大多数人来说，越是自己感兴趣的事情，就越能引起自己的注意。

在学习过程中，间接兴趣往往能贡献更多的意志力，比如有同学很希望自己能够用英语与外国人顺畅地交流，尽管背单词、学语法比较困难，也会将注意力调配到英语学科上。

所以，除了考试成绩，学生还可以多想想这门课的内容可以帮助自己收获什么，能连接到自己的直接兴趣上最好。

3. 过去经验和既有的知识经验的连接

一方面，人们对自己熟悉的事物或活动，可以自动地进行加工和操作，无须特别集中注意。

另一方面，人们想要在活动中维持自己的注意力，又和他们的知识经验有一定的关系。

如果老师讲的内容和自己已有的知识相关、有连接，那么老师说什么，你很快就能get到老师所讲的点，维持注意力也会比较轻松。

相反地，如果之前落下的内容太多，跟不上老师的进度，就会觉得是听天书，老师讲的很多点，都无法与你所掌握的内容连接起来，想要维持注意力就会很难。

这个时候，就要花时间去追赶进度，比如每天多花一点时间复习学过的内容等。比如英语老师已经讲到具体的某个语法了，但是学生对音标还有单词的掌握都还不足的时候，就很难理解老师讲的内容，也会对这门学科慢慢产生厌学的心理。因此，需要花多一点时间，查漏补缺，等到自已能理解老师所讲的内容，兴趣也就慢慢培养出来了，注意力也更容易保持。

4. 学习环境的布置

学习环境应简洁、整洁，减少干扰因素。家长应合理规划家庭空间，划分出专门的学习区域，为孩子提供一个安静、舒适的学习环境。

先看看是不是家里环境不适合学习，比如与学习无关的东西太多，吸引了他的注意力或者环境太嘈杂影响他专心学习。

5. 利用好课间的时间做身心的放松

动静结合，有助于我们调整注意力的状态，课间应充分利用，进行身心放松。通过适当的活动调整注意力状态，为下一节课的学习做好准备。

6. 在家学习时家长不要干扰孩子的学习思路和专注力

家长在孩子学习时应尽量避免干扰其思路和专注力，给予孩子足够的自主空间和时间，培养其独立学习的能力。

7. 尽量减少对孩子的唠叨和训斥

即使孩子注意力不集中，家长也不要总是把这句话挂在嘴边，那样等于强化孩子不集中的特点，孩子也会在心里认同自己注意力不集中。家长应避免频繁唠叨和训斥孩子，以免加重其心理负担，影响注意力的集中。相反地，应多给予孩子鼓励和支持，增强其自信心和动力。

8. 积极思考

跟着老师的节奏，老师的问题，最好也能思考并总结出自己的答案。

9. 整理笔记

记笔记有利于课后复习。很多新知识可能在上课的时候已经学会了，但如果不及时记录下来，就可能会很快忘记。

上课时抛开与课堂无关的杂念，捕捉并浓缩重要信息，在笔记本上做好笔记，有助于提高学习效率。

注意重点知识的课后复习，把一些不理解的内容总结出来，不懂的问题及时对接老师，同学之间多多交流，相互答疑。这里对于注意力的分配性也是很好的训练。

10. 孩子的心理状态要关注

当孩子心理出现问题的时候，出现注意力不集中的现象是很普遍的，孩子即便想学，都无法集中注意力。因此，无论是家长还是孩子都一定要关注孩子的心理建设。心理状态对孩子的学习成绩有直接的影响。

心理健康是影响孩子注意力的重要因素。家长应密切关注孩子的心理状态变化，及时发现并解决其心理问题，为孩子提供一个健康、稳定的成长环境。必要时需要到专业医院就医，或到专业机构寻求帮助。

11. 训练注意力集中度

使用一些方法训练注意力集中度，比如眼睛凝视前方某一个点，保持专注度，看自己全神贯注的时间，并保持内心清净，没有杂七杂八的念头。

第四节　果实

这个暑假是最该放松的假期，也是最让人揪心的假期。高考结束了，但等待成绩的每一天，对于亮及其家人而言，都是一场内心的煎熬，每时每刻都在焦灼地等待着。

尽管家人希望于亮能够借此机会出去走一走，玩一玩，享受旅行的乐趣，转移一下注意力，可是在成绩没有出来之前，谁能放得下心呢？每一天都仿佛被拉长，真的是度日如年。

经过二十多天的漫长等待，于亮终于在电脑屏幕上看到了自己的高考成绩。随着成绩展现在屏幕的那一刻，全家人都松了一口气，更准确地说，是感到了由衷的惊喜。这种感觉就像是经历了一场大难之后，意外收获了一份巨大的财富。于亮回想起高三所经历的这一场风暴，虽然每个人的心里对成绩都怀有期待，但那份期待早已被这场风暴打磨得降低了不少。所以当看到成绩的时候，628分！无疑是一个巨大的、出人意料的喜讯！

尽管最终的成绩与于亮之前的期待还有一些差距，但是，经历了那样的一段痛苦时期，最后还能考出这样的成绩，家里人都是感到十分满意的。在查出成绩的那一刻，于亮第一时间将这份喜悦分享给了心灵老师，他觉得这份心情值得与这位一直支持他的老师共同庆祝。

成绩出来之后，紧接着，便是紧张而有序的志愿填报环节。在填报志愿的过程中，于亮和家人也综合考虑到很多的因素，包括学校、城市、专业的选择、被录取的概率等。综合考虑之后，填报志愿完成，之后又是一段时间的等待。然而，志愿填报后的等待期，虽然相较于之前等待成绩的焦虑有所减轻，但心情依然无法完全放松。毕竟，在最终结果揭晓之前，仍有许多不确定性，不知道报考人数怎么样？录取的分数线是否会有较大的差异？在这样等待的过程中，于亮这个暑假已经过去一个多月了。

终于！录取通知放榜的日子来临了，于亮怀着激动的心情查询到自己被北京科技大学录取的消息。

这一喜讯让全家人欢天喜地了好几天，那天晚上，所有最亲近的人聚在一起。爸爸妈妈，爷爷奶奶，姥姥姥爷，还有其他的亲人，大家在一起共同地分享这十几年奋斗的丰硕成果。

大家都纷纷向于亮表示祝贺，不仅为孩子的成就感到高兴，也为张琴和于萧一家感到由衷的欣慰。

这一晚，对于亮而言，是长久以来最为放松和愉悦的时刻。他由衷地对家人表示了感谢，并承诺进入大学后也不会懈怠，会继续努力，让自己的大学时光也能够充实而美好，而张琴看到这欢乐的一幕，竟然还不由自主地流下了眼泪。

当然，这泪水，既是喜悦的流露，也是感慨的释放。回想起几个月前，全家人还处于一片混乱之中，而在几个月之后的今天，每个人都沉浸在喜悦的氛围中。张琴深刻体会到，人生真的是无常，我们不知道下一秒会发生什么样的事情，会发生什么样的变化，也许是好的，也许是不好的。但好的会过去，不好的也会过去。所以当我们遇到不好的处境时，也不要完全地去排斥它，也许，在这些看似艰难的时刻背后，也隐藏着更多的机会，蕴藏着巨大的财富。在生活中出现的每分每秒，我们都应也能够接受它。这样的生活状态，才是真正的幸福。

于萧看着于亮，心中交织着喜悦与心疼。经历了那次事件后，孩子明显成熟了许多，真正在痛苦中得到了成长。于萧走到儿子跟前，拍了拍孩子的肩膀，说："儿子，你长大了，你成人了，以后很多事情你都可以自己做主了。"于萧说着这话的时候，在脑海里突然有一个奇怪的画面，仿佛看到一只小鸟从巢中飞出去，那只小鸟振翅高飞，飞向遥远而广阔的天空。是啊，他们应该逐渐地学会放手，这样孩子才能够奔向远方，得到更好的历练，才能够让双翅在生活的历练中变得更加有力、强健。

今晚，在这万家灯火中，也许有像于亮家一样如此欢欣快乐的，也许还有孩子因为没有被录取，整个家庭沉浸在失落失望中的。生活就是这样，无论身处何时何地，都存在不同的面，有喜有悲，有苦有乐，正因为如此，才让生活的诸多滋味有了意义。

是夜，于亮收到了心灵老师为他祝贺的一段文字：

梦想

梦想像夜空中的星星，在黑暗中带来光明的希冀

梦想像勤劳的蜜蜂酿制的蜂蜜，在苦涩中带来甘甜

梦想像炎炎夏日里的大雨，在酷暑中带来清凉

梦想像无际荒漠中的绿洲，在无助时给人以振奋

梦想像孤独身影的灵魂伴侣，在踯躅时给人以引领

梦想，相信每个人在成长的过程中，都有过，或灵光乍现后不再执

着，或觉得不着边际而放弃；或觉得无法实现而从来没有开始……

梦想，是对未来的一种期望。

梦想就是一种让你感到坚持就是幸福的东西，甚至其可以视为一种信仰。

梦想是一种坚持下来、让乏味单调的生活变得更加有趣的一种状态。

当把梦想转化为目标，便为梦想照进现实搭建了相通的桥梁。

我们从小到大设定过很多的目标，有的实现了，有的被遗忘了，有的中途夭折了。

在目标达到的时候，是那么开心。

当目标的达成遥遥无期时，我们又感到那样的痛苦。

当我们经历着很多挫败、挑战时，我们面对目标，感到无比的煎熬。

当我们找不到实现的方法时，那种不确定感，又会搅动着我们的心神，放弃的心态就会涌现。

当我们发现未来的入口时，又会豁然开朗。

找到梦想的过程是自我探索、自我发现的过程。

于亮，向着自己的梦想，飞翔吧……

第十章　珠穆朗玛峰的光辉

　　两年前，五个家庭的孩子都在不同程度上出现了一些问题，但幸运的是，这些问题都得到了及时的发现与解决。如今，每个孩子的状态都在逐步好转，每个家庭的氛围也都在发生着根本性的转变。假期成为孩子们最期盼的时光，同时也是家庭修复与孩子关系、增进情感的宝贵契机，也是每个家庭调和与孩子关系的最好时间。漫长的暑假里，孩子们尽情释放自我，享受自由。

　　与此同时，这五个家庭满怀期待地计划着跟随心灵老师踏上一段心灵之旅，目的地是神秘而遥远的西藏。

　　远行确实具有改变人心的力量，它能让人暂时脱离日常生活的环境、工作与学习的束缚，这种空间上的距离感能够让人释放在平时烦琐生活中所累积的压力和压迫感；让人能够更加全然地安放于途中，拥有更广阔的视野，在旅途的山川湖海、多样风景与各异的人群中，人们能够寻觅到内心深处那份久违的悸动与热爱。

　　这次远行绝非一次普通的旅行，而是一次将专业心理学技术与沿途风光巧妙融合的深度体验，能够在合适的时间、合适的地点给人更加深刻的启迪，引领人们在更广阔的维度上感悟生命——体验生命的坚韧与脆弱，感受生命历程中的苦乐交织。

以往，由于对高原反应的畏惧，大家从未踏足过西藏这片土地。这次，因为有心灵老师的带领，所以大家也安心了很多，经历了过去一年的种种波折，大家在心理上对心灵老师建立了极高的信任。

每个人都满怀期待，希望在旅途中能够拂去这一年来累积的疲惫，清除心灵上的尘埃，全心全意地沉浸于每一处令人心动的风景之中，期待着能够暂时地走进"桃花源"。

对心灵老师而言，西藏同样是一个意义非凡的地方。在很多年前，心灵老师的事业在前进中遇到了很大的挑战，在生存与梦想之间展开了激烈的斗争，在这种情况下，心灵老师也曾经想放弃这个事业。当生存遇到挑战，入不敷出的时候，心灵老师也曾想过，自己一味地坚持是否会让家庭受到拖累？所以在坚持与放弃之间犹豫不决，非常的痛苦。在那个时候有一位友人跟她讲："你要知道，你现在所做的事情，是为每一个孩子带去光明。那些遇到困境的孩子，仿佛置身于深不见底的'马里亚纳海沟[1]'中，他们在那里无助地等待，等你伸出手把他们拉出来，引领他们一步步向上攀爬。如果你现在放弃了，他们或许又将重陷那无尽的深渊，还有很多身处谷底的孩子，或许根本无人施以援手，他们将面临绝望的深渊。你要带领他们站在那世界之巅，去感受那璀璨的光明，见证生命之光的绚烂绽放，让这光芒照亮每一个孩子的心灵深处，从而真正完成你所肩负的使命。"

---

[1] 马里亚纳海沟（Mariana Trench, Marianas Trench）位于 11°20′ N, 142°11.5′ E，是已知的海洋最深处，达 6~11 千米。

心灵老师至今铭记那次对话，那语言的震撼曾一度让自己泪流满面。那泪水交织着复杂的情感——有激动、有感慨、有生命觉醒的喜悦，还有深深的欣慰。在泪流满面的同时，她感觉到胸口处似乎有一盏灯被点亮，光芒四射，照亮了她的全身。那一刻，她的生命之光璀璨绽放，这样的体验前所未有。自那以后，无论心灵老师在前进道路上遇到何种的困难和挑战，从来都没有放弃过。正因为如此，在践行这份职责的道路上，她更加深刻地体会到了"使命"二字的真正内涵。

所以，西藏的心灵之旅，不仅是为了给更多家庭力量、勇气，也是心灵老师在朝着自己使命前进的方向上，一次次的实践之旅。

第一节　高原反应

在拉萨集结的第一天，大家都不同程度地受到了高原反应的侵袭。有的头痛，有的像感冒一样，有的发烧，每个人反应程度不一。在心灵老师的指导下，大家开始做不同的穴位按摩来缓解不适。心灵老师还告诉大家，一定要在心里默默地告诉自己，一切都会好起来，告诉自己身体与心理一定能迅速适应这片高原的环境。果真，经过一番调试，大家的高原反应缓解不少。经过一晚上的休息，第二天，每个人的精神状态都好了许多。在接下来的几天大家都掌握了调适的方法，高原反应带来的困扰在旅途中大大减轻。因为高原反应，好多游客都只是坐飞机到达拉萨，再坐飞机离开，未能充分体验这片土地的魅力。因此，这次心灵之旅中，每一位成员能够克服高原反应，无疑是一大胜利，是身体的胜利，也是心理的胜利。

　　旅途的第一站便邂逅了举世闻名的布达拉宫，这座巍峨地镶嵌于山峦之间的宫殿，仿佛自天际降临。其建筑之雄伟，每一砖一瓦都承载着厚重的历史与无尽的神秘，金光熠熠，直插云霄，犹如太阳遗落人间，璀璨于拉萨的心脏地带。宫墙坚固，红白相间，在阳光的照耀下更显鲜明生动，犹如山峦般坚不可摧。墙壁坚固得像山一样，红白相间的色彩在阳光下显得那么鲜艳，那么生动。宫殿的每一处角落，每一扇窗棂似乎都蕴藏着无尽的故事与秘密，让人忍不住想要去探索，去聆听那些古老而神秘的声音。

　　大家被这座宫殿的壮美深深吸引，仿佛时间在这一刻凝固。大家伫立于宫殿脚下，久久不愿离去，赞叹之声不绝于耳，内心震撼难以言表。大家不约而同地从不同角度记录下这非凡的魅力，用镜头捕捉，用心铭记，希望将这份震撼人心的美，永远镌刻在照片与记忆之中。

　　接下来，大家爬上布达拉宫，近距离地接触这个宫殿，感受它的设计，感受它的特别，感受它的历史。站在走廊边，触摸那远远看过去红白相间的墙壁；仰望天空，明亮的阳光如瀑布般倾泻而下，将大家全身笼罩在一片温暖与光明之中。轻轻走在宫殿内，一尊尊镶嵌着璀璨珠宝的雕像映入眼帘，在雕像的旁边镌刻着一个个有着非凡成就的名字，这些人都是在历史上为国家、为人民作出过很大贡献的人们，令人不禁沉思："我是谁？我又能为这个世界留下何种印记？"

　　微风中，华灯初上，这座闻名于世的宫殿巍然耸立在夜幕中，跃然于明亮的月光中……所有人的高原反应在面对令人震撼的宫殿时都消失殆尽，人们开始体会到身体、心理、行为与环境之间的和谐适应与融合，仿佛自身也成为这片神圣土地不可分割的一部分。

旅途在高原反应的起落中开启，在自我超越的方向上，每一个人都前进了一步！

第二节　心身合一

五个家庭的五个孩子，全都参与到了这次心灵之旅中，其他的家庭成员来得并不齐全。

方雨琪一家四口都来了，叔叔、妈妈，还有弟弟；杨晶和高梁飞是和各自妈妈一起来的；于亮和赵天宇都是与各自爸爸妈妈一起来的。这次旅途，是家长与孩子能够深度融合的好机会。在旅途中，心灵老师会观察每个家庭的互动行为，并在适当的时候给予指导和建议。

比如梁小芬对高梁飞所有的生活细节过度关注，高梁飞要吃多少饭，要喝多少水，甚至每天衣物的选择，梁小芬都会过问，会把关。梁小芬把高梁飞捧在手心，当成宝贝一样呵护着，嘘寒问暖。心灵老师找合适的机会和她交流："到了高梁飞这样的年龄，管教其实可以再稍微放宽松一点。让他自己去感受冷暖，冷了他自然会多穿一点，热了他自然会减少一点，让他根据自己的体验去调整，不需要事无巨细地嘘寒问暖。太过细致孩子不但感受不到来自父母的爱，同时还会产生厌烦的心理。"

再有，方雨琪的妈妈在整个旅途中，无论是和孩子之间的交流，还是在整体的队伍中的互动，都会时不时发出很多抱怨的声音。比如，排队怎么这么长时间，孩子今天又没有吃早餐，今天的饭是咸了、淡了等。你会发现，她似乎总能从各个角度找到不满之处。

心灵老师见状，便耐心引导她："作为父母，要有耐心，要有胸怀，要有格局，这样才能够给孩子树立正面的榜样。和孩子一起生活，一起出行，更是实打实地要作出榜样。我们的一言一行，孩子们都看在眼里，记在心里。我们要对这个世界更多地宽容，保持耐心，不要总是斤斤计较，睚眦必报。要学会看到事物更积极的一面，而不是一出手就从消极的一面看待问题。这样的思维模式，不仅会让自己一整天心情不愉快，孩子们在旁边也会很难受，感到尴尬与不适。孩子们感到难为情，又不好当着众人的面跟妈妈吵，或者是制止妈妈。但同时又会觉得妈妈的行为在人群中格外突兀，甚至会产生羞愧感。"

经过旅途中两三天的磨合，整个团队的十几个家庭融洽度越来越高，而这五个家庭也更是表现得非常出色。

离开拉萨，乘坐大巴车，经过了一段漫长的旅途，在旅途中心灵老师引导大家：即便是在长途的旅行中，也要学会利用那些感到枯燥单一的时间，可以望一望窗外，看一看沿途的风景。

大家依言望向窗外，只见连绵起伏的崇山峻岭映入眼帘；那弯弯曲曲的道路，从上往下看，蜿蜒曲折宛如一条巨龙，层层叠叠地盘旋在天地间；一望无际的油菜花海在阳光下泛着金黄色的光芒；远处的山坡上，成群的羊儿悠然自得；湛蓝的天空中，一团团的白色云朵飘在空中。确实，旅途中种种的壮美景色让人目不暇接。

如果实在困了，就可以闭目养神，或者练习呼吸，去细细体会每一次呼吸的节奏。在深长的呼吸中，体验身心交融的和谐之感。

不要把旅途当成一个枯燥的旅程，而是把它当成一个提升身心力量的旅程。去感受自己的内心，觉察自己的内心，感受身心合一的状态。

大多数时候，我们在匆忙的生活中，身体和心都是分离的。

当一个人能够感受到身心合一的时候，就会感受到内在的宁静与平和。这对人的精神有巨大的疗愈作用，对身体也助益良多。

在心灵老师的引导下，即便是长达数小时的旅途，也不再那么的单调，不再那么的枯燥，大家突然觉得这旅途似乎也变得很有意义。

山南地区终于渐渐出现在眼前，这个美丽的地方，让人流连忘返。

位于青藏高原的山南：那些雪山的壮美与庄严、湖泊的灵性与神秘，那断壁残垣的历史沧桑，酥油灯里的虔诚和艰辛，那边境线上寂寞摇曳的花朵、山谷危崖上扬起的烟尘，还有被称为世界最美丽之水的"拉姆拉措神湖"（羊湖），都令人心驰神往。

在前往羊湖的途中，途经岗巴拉山口时，出现了温驯的小羊，还有威仪十足的藏獒。绅士范儿十足的藏獒并非传说中那般凶猛，它们摆着各样的姿势满足人们合影的需求。是啊，当人类怀着善良的心面对藏獒、面对小羊这些生命时，它们是能够感受到的，于是小羊在人的怀中就像小孩那样温驯，藏獒则更像人的守护者，它们或蹲或立，似乎能准确理解拍照者的需求，展现出极高的灵性。这一刻，人与自然的和谐共处得到了完美的体现。

离开岗巴拉山口，那神秘的羊湖在云雾中慢慢揭开面纱，抵达羊湖时，天空下起了细雨。

无论大人还是孩子，都沉浸在这柔柔细细的雨中，忘记了打伞，忘记了冰凉，专注而安宁，让雨水顺着头发、面孔、身体缓缓滑落，充分感受着身体与大自然的全然接触。

大家面对神秘美丽的羊湖，在柔美辽阔的羊湖边聆听雨声，大家席地而坐，与雨水、山脉、湖水融为一体。在心灵老师悠扬的声音中，大家感受到自己与大地、山脉和湖水的交融；感受到了天地间能量的流动与传递；感受到了有无穷的力量注入身体；感受到了无比的安然与喜悦；更感受到了作为华夏儿女的自豪与骄傲。

美丽的羊湖在轻雨中裹着云雾织成的面纱，似掩非掩，似显非显，神秘而妩媚，雨水轻打在湖面上，泛起一圈圈涟漪，就像一张青碧色的画卷上开出了一朵朵美丽的花儿。此景只应天上有，大家不禁发出阵阵赞叹，不断变换角度、由远及近地拍着湖面，是多么希望把这山、这天、这湖的美丽全都携走啊！

离开羊湖不久，到了卡若拉冰川脚下。冰川与白云相连，庄严而沉静；冰川下清泉潺潺流淌……大家一边呼吸着天地间清新的空气，一边感谢自己的身体给予旅途中的支持，没有不适的反应，轻松而充满活力……这也得益于心灵老师的引导，大家在途中，始终保持与身体的联结，保持着良好的心态，并在情绪出现时及时觉知、化解，从而确保了身心的轻松与愉悦。

第三节　夜空

赵天宇在人群中慢慢地活泼起来，从一开始的默不作声到后面几天开始主动与他人交流，并且也会和其他孩子玩在一起，打闹在一起。这对他而言也是一个很大的突破。

方雨琪的脸上渐渐绽放出了灿烂的笑容，曾经那种厌世的绝望感已经荡然无存，取而代之的是她脸上那双灵动的大眼睛中，闪烁着明亮的光芒。

于亮则显得格外轻松自在。这次旅途，为他已经结束的中学生涯画上了圆满的句号，也为他即将步入的大学生活，点上了一个冒号。于亮与爸爸妈妈同行，他们交流了很多，彼此有了更多的理解，三个人都格外珍惜这次旅途中难得的共处时光。毕竟，于亮上大学后，与家人的相聚机会将大大减少。

而于亮也不愧是作为孩子队伍中的大哥哥，时刻不忘照顾其他小伙伴，充分展现老大的风范。并且在小伙伴们之间偶尔发生矛盾的时候，于亮总是主动上前调解，化解大家的纷争。

杨晶，原本就是一个挺爱说的孩子，这次旅途中更是畅所欲言。并且时不时还会给大家献上一段舞蹈，为旅途增添了不少欢乐。和妈妈在一起的这些天，两人相处得就像姐妹一样，非常的轻松、愉快。不时会传来母女俩清脆的笑声。

高梁飞也破天荒地把自己从"低头一族"解放出来，积极参与大家的交流，一同欣赏沿途风景。不再像以往那样，每每和大家一起出去都是低着头，把自己深埋在手机里，沉浸在虚拟的世界中。这次旅途他终于能够感受到虚拟世界以外真实的存在，也能够感受到，当把自己完全地融入大自然的时候，那种身心明快的感觉，这种身心轻松舒畅、轻快无比的感觉在虚拟世界里是根本无法感知的。

在离开拉萨的第五日，终于到达了珠穆朗玛峰大本营，在这里能够看到珠穆朗玛峰的峰顶，仿佛近在咫尺，却又遥不可及。5200多米的海拔，寒冷侵袭着每一个人，即便是把所有的厚衣服都穿在身上，仍需额外裹上军大衣，才能够在大本营户外走动。

夜幕降临，栖身于温暖的帐篷之内，尽管外界的严寒仿佛能穿透一切，却丝毫未能减弱大家探索这世界屋脊美景的热情。刺骨的寒冷直透骨髓，但大家仍将自己层层包裹，全副武装，渴望走出帐篷，更多地沉浸在这壮丽的自然风光之中。在珠峰大本营的这一宿，最令人期待的便是那璀璨的星空。

凌晨两点，除了几位特别畏寒的队友，其他的人都全副武装走到了户外，去看那漫天的星河……

远离了城市的喧嚣和光污染，夜空异常清澈，星星点点，璀璨夺目。抬头仰望，仿佛置身于银河之中，每个人都深切地感受到了宇宙的广阔无垠与神秘莫测；仰望苍穹，一条璀璨的银河斜跨在夜空中，如同一条流动的光带，将夜空一分为二，银河中的星星密集而明亮，让人不禁感叹宇宙的壮丽与神奇。

夜空中的星星如此明亮，它们闪烁的光芒像是在诉说着古老而遥远的故事，让每一个人感受到了时间的深邃与生命的渺小。银河横跨天际，如同一条流淌的光之河，引领着大家的思绪穿越时空，去探索那无尽的未知奥秘。

"快看，那边！"人群中突然有人大喊，随即，大家便目睹了流星划过的壮丽景象。一道细微而耀眼的光芒在天际闪现，紧接着，一颗、两颗……渐渐地，越来越多的流星划破夜空，它们如同天空的使者，带着宇宙的祝福，疾驰而下。每一颗流星都闪耀着独特的光芒，有的如翡翠般碧绿，有的似红宝石般鲜艳，还有的宛如白金般璀璨。它们在夜空中划过一道道绚丽的弧线，随后悄然消失在遥远的地平线上，留下一道道令人心旷神怡的轨迹。

流星雨持续了数分钟之久，每一颗流星都像是宇宙间散落的珍珠，串联起来，书写着整个夜空的华丽篇章。大家站在那里，仰望着这场大自然的奇观，心中充满了敬畏和感动。

当最后一颗流星在夜空中消逝，大家意犹未尽，仰望天空，沉浸在那璀璨的影像中。尽管流星雨转瞬即逝，但它留给大家的震撼与美好却永远镌刻在每一个人的心中。这是一次与宇宙亲密接触的奇妙体验，让每一个体验者更加珍惜生命中的每一个瞬间，也更加期待未来更多的奇迹与美好。

在珠峰大本营的夜空下，大家感受到一种前所未有的宁静与安详。远离尘世的喧嚣，面对浩瀚的宇宙，心灵得到了前所未有的洗礼和升华。仿佛踏入了一个神秘而宁静的宇宙殿堂。站在那浩瀚星空之下，每一个人的心灵为一种前所未有的宏大感所震撼，仿佛自己与整个宇宙相连，成为它微不足道却又不可或缺的一部分。

流星雨落幕，夜空重归于宁静，大家仿佛能听到自己内心的声音，它告诉我们，无论世界多么喧嚣，总有一片宁静的星空等待着我们去仰望，去沉思，去寻觅那份心灵的归宿。

星河璀璨，我们每个人在这广阔的世界中，不过是渺小的一粒微尘。但人又是这么的伟大，就这么独一无二地存在于这个宇宙间。当我们将自己融入浩瀚的宇宙之中时，会感受到一种难以言喻的磅礴力量。

对于每个人而言，最大的意义在于到达了目的地，克服心中的恐惧，到达了心中的珠穆朗玛峰，一次次克服自己的局限，延展生命的宽度。在

蜕变，从心开始

庄严肃穆的珠峰大本营，躺在世界屋脊之上，与银河相连，与大地相依，感受到我们是宇宙共同体中不可或缺的一员，感受到自己的力量与潜能喷薄而出，在生命之光的照耀下，每个人坚定前行。

第四节　使命

观赏完夜空，孩子们都兴奋无比，难以入眠，大家都格外珍惜今天在这高海拔之地共度的夜晚。所以大家都想继续聊聊天，分享各自的理想和梦想。

方雨琪率先开口："我以后想做自己喜欢做的事情，不想像其他人那么老套，考学，找工作，生孩子……"

心灵老师问："什么是自己喜欢的事情呢？"

方雨琪想了想，摇摇头说："我也不知道。"

其他几个孩子其实跟方雨琪有着类似的想法，他们认为人长大之后去做自己喜欢做的事情就足够了，但是，这时候被心灵老师一问什么是自己喜欢的事情，每个人都一愣。高粱飞乐呵呵地说："那我喜欢的事情可能就是手机游戏。"其他孩子有的说是旅游，有的说是听音乐等，有的在思索着自己的答案。

心灵老师再次提问："什么才算喜欢？"

"那就是感兴趣吧！"高粱飞答道。

心灵老师点点头，继续道："好，如果你喜欢打游戏，对游戏感兴趣，让你日复一日、年复一年都沉浸其中，并且以打游戏为生，不但要打好，打过关，还要让游戏能够为你挣钱，能够照顾你的生存问题；如果你喜欢旅游，那就得通过旅游来养活自己，并且日复一日、年复一年都在做这件事情，你们想想，是否还会把这些称为你们'喜欢做的事情'？

"可能你们现在总会觉得学习枯燥乏味，因为它日复一日、年复一年地重复，还有成绩要求和考试压力。但事实上，如果把你们那些所谓感兴趣的事情，当成像学习一样来做，也会让你们很快厌烦的。所以，一个浅浅的兴趣，一个简单的喜好，并不足以长久地支撑你们走下去，真正重要的是，在前进的道路上找到你们的使命所在。

"就以老师自己为例，我曾经对心理学抱有浓厚的兴趣，所以我不断地学习，深入地学习，因为我认为研究人的心理是一件极其有趣的事情。它让人能够洞察他人的思想，观察思想与行为之间的微妙联系，不仅可以解决自己的问题，同时还能够帮助别人。这份兴趣浓厚到让我以为，这就是我毕生的热爱所在。但是当我真正开始把它当成一项事业来经营的时候，情况却发生了变化。

"因为当你需要将你热爱的事情转化为谋生的手段，用来支撑你的生活时，你会渐渐发现，曾经那份简单纯粹的热爱，似乎不再像想象中那般轻松自如了。

"在我开始做这件事情的时候，我把使命定为：让阳光充满每一位孩子的心灵。但是事实上，在内心深处，真的是以'让阳光充满每一位孩子的心灵'为自己内心最大的快乐吗？当现实问题来临的时候，当最基本的生存问题受到威胁和挑战的时候，所谓的使命开始显得那么的苍白。开始出现内心的纠结与挣扎，开始在想，我是否要放弃。

"随着自己继续前进才发现，经历了生存的考验，经历了现实的挑战，经历了诸多的问题。这个热爱都在，它没有被任何困难湮没。

"当扪心自问的时候，无论成功与失败，无论自己的目标能够达到什么程度，无论能够拯救多少个家庭与孩子，做这件事情，我是否都无怨无悔？即便做这件事情，有一天，让我没有饭吃，我是否还会选择继续向前走，我是否都会一直把它做下去。我的答案是'是的'。在这个时候我才真正可以说，'让阳光充满每一位孩子的心灵'是我的使命。这项事业是我想做的事情，是我喜欢的事情。""所以宝贝们，老师想告诉你们的就是简简单单的一个喜欢，简简单单的一个兴趣，它不足以支撑你去挑战现实中可能出现的很多问题，这就是为什么有很多人的初心在旅途中总会被舍弃。老师之所以有这样坚定的信念，能够不忘初心，其实是因为有了更高维度的精神追求，它赋予我无穷的力量。这个高维的精神追求就是：我真的希望每个孩子都能够开开心心、快快乐乐地成长，健康地成长。因为健康的身心是孩子能够茁壮成长、优秀成长的基石。少年强则国强，孩子们的健康与优秀，承载着国家的未来，民族的希望。正是因为了有了这样更高维度的力量支撑，所以现实中的很多问题也就不成为问题了，现实中的很多羁绊就不再是羁绊。"

在这宁静的深夜，每个孩子都在思索着……离黎明没有多长时间了，大家在满天的星光下，在心灵老师那闪闪发光的梦想下，开始入睡了。

今晚，如此宁静而圣洁。

第十章　珠穆朗玛峰的光辉

第五节　珠穆朗玛峰的光辉

珠穆朗玛峰大本营的清晨，太阳还没完全升起来，天边就开始泛起一片淡淡的金黄。这时候，珠穆朗玛峰就像是被一层神秘的金纱轻轻覆盖着，显得那么庄严，那么神圣。当第一缕阳光悄悄探出地平线，天边开始绽放出一片柔和的金辉，整个世界仿佛都被这温暖的光芒轻轻唤醒。

山峰的轮廓在晨光中渐渐清晰，每一道曲线都像是大自然用最精细的笔触勾勒而成的。阳光一点点地洒在山峰上，冰雪开始闪烁着耀眼的光芒，就像是无数颗小星星在欢快地跳舞；又像是大自然珍藏的最为璀璨的宝石。阳光洒在山体上，每一片雪花都像是被赋予了生命，闪烁着晶莹的光芒，散发着迷人的光彩。

站在这里的人们，无不感受到自己被这股清晨的光辉深情地拥抱着。

清晨时分的珠穆朗玛峰，简直就像是一幅动人的绝美画卷，美得让人心醉神迷。

空气里弥漫着清新的气息，仿佛能洗净人心灵的尘埃。置身于这片圣地，仿佛能感受到大自然的呼吸，每一次深呼吸都像在与世界交换着生命的能量。这一刻，时间仿佛静止了，每个人的心灵都得到了前所未有的宁静与满足，似乎自己已经化为光的一部分，覆盖在珠穆朗玛峰的峰顶上。面对眼前的一幕，每个人的内心都从悸动到惊异，从惊异到沉浸，从沉浸到宁静与满足。

蜕变，从心开始

在珠穆朗玛峰的辉映下，每个人似乎都被一层神秘的光芒笼罩，彼此相望，每个人的皮肤似乎更加有光泽，似乎都散发着光芒。这种光芒令人心生敬畏。

在这珠穆朗玛峰的光辉中，在这收获满满的心理学知识的旅途中，每个人似乎都从包裹已久的茧壳中挣脱而出，焕发着崭新的生命力，这种蜕变是深层的，深不触底的，让每一个人全身的每一个细胞都洋溢着新生的活力。

重生之路开启，新生之旅开启……

在从珠穆朗玛峰返回拉萨的旅途中，一路上伴随而下的是奔腾的雅鲁藏布江，它像一条银色的巨龙，从海拔5300米以上的喜马拉雅山脉中段北坡的冰雪山岭发源，自西向东奔流于号称"世界屋脊"的青藏高原南部，中国境内全长约2057公里，依偎着雄伟的山脉川流不息，在天地间彰显着顽强的生命力……大家在雅鲁藏布江边上祈福，在江边上起舞，在江边上宣誓，让奔腾的动能转化为力量倾注在自己的身体之内。

新——生，每个人将在自己不同的人生际遇中开启一个个平凡而又伟大的人生篇章。